Olivia Goldsmith /
Amy Fine Collins

STIL MIT GEFÜHL

Kleider,
die zur Seele passen

Deutsch von Barbara Ostrop

Wunderlich

Die Originalausgabe erschien 1995 unter dem Titel
«Simple Isn't Easy. How to Find
Your Personal Style and Look Fantastic Every Day!»
im Verlag HarperCollins als HarperPaperback

Redaktion Heike Wilhelmi
Illustrationen im Text Donald F. Reuter
Umschlaggestaltung Walter Hellmann
(Illustration: David Downton)
Layout Joachim Düster

1. – 8. Tausend Januar 1998
9. – 15. Tausend Februar 1998
Copyright © 1998 by Rowohlt Verlag GmbH,
Reinbek bei Hamburg
«Simple Isn't Easy»
Copyright © 1995 by Wakefield Group Ltd.
Alle deutschen Rechte vorbehalten
Satz aus der Perpetua PostScript,
QuarkXPress 3.31 (Dolev 800)
Printed in Germany
ISBN 3 8052 0628 3

Für Barbara Turner, meine schicke Schwester.
Und für Amy, die dieses Buch einfach,
aber nicht leicht gemacht hat.
O. G.

Für Erika Fine, meine große Schwester.
Und für Olivia, die dieses Buch leicht,
aber nicht einfach gemacht hat.
A. F. C.

Olivia Goldsmith, Autorin mehrerer Romane,
lebt in New York City, Vermont und
Hollywood/Florida.

Amy Fine Collins, Moderedakteurin für *Vanity Fair*
und *Harper's Bazaar*, wurde 1995 zu einer
der bestgekleideten Frauen des Jahres gekürt.
Sie lebt mit Mann und Tochter in Manhattan.

INHALT

Ein paar Vorbemerkungen 11

1 Die Modefalle 22
oder
Warum die meisten Frauen nicht gut gekleidet sind
Ursachen für das Problem mit dem persönlichen Stil

2 Kleider und Ängste 38
oder
In diese Fallgruben können Sie stolpern
Die sechzehn Ängste, die zwischen Ihnen und gutem Stil stehen

3 Einfach ist nicht leicht 52
oder
Mit Zen zum eigenen Stil
Wie Sie Ihren Kleiderschrank ausmisten und
dabei Ihr wahres Ich finden

4 Selbsterkenntnis 74
oder
Spieglein, Spieglein an der Wand
Wie Sie entdecken, wie Sie wirklich aussehen –
und was Sie damit erreichen können

5 Wohlbefinden contra Stil 94

oder

Der Balanceakt

*Wie Sie die Spannung zwischen gut aussehen
und sich wohl fühlen lösen können*

6 Moment mal 103

oder

Wie gewichtig ist eine schlanke Taille?

*Warum Ihr Gewicht keine Entschuldigung ist,
nicht jetzt schon gut auszusehen*

7 Strategien 110

oder

Todsichere Tips für den stilvollen Look

Sechs Möglichkeiten, sich schick und einfach zu kleiden

8 Hilfe! 121

oder

Wie Sie Ihren Mode-Guru finden

So bekommen Sie die Unterstützung, die Ihnen wirklich hilft

9 Kleiderprobe 131

oder

Beim Anziehen am Morgen hat es mir noch gefallen

*Das Probetragen Ihrer neuen Garderobe und die letzten
Korrekturen*

10 Shopping 145
oder
Das gefährliche Spiel
So kaufen Sie Kleider, ohne daß Ihr Schrank überquillt

11 Accessoires 162
oder
Der letzte Touch
Wie Sie die kleinen Extras auswählen, die Sie brauchen,
und sich des Rests entledigen

12 Jetzt nicht lockerlassen 183
oder
So bleibt Ihr Kleiderschrank in Form
Wie Sie aus Ihrem Kleiderschrank einen Verbündeten machen

13 Die gepflegte Erscheinung 194
oder
Seien Sie gut zu sich und Ihren Sachen
Wie Sie Kleider, Haut und Haar liebevoll pflegen

14 Veränderungen 224
oder
Was? Nach all der Mühe?
Wann Sie Ihren persönlichen Stil auffrischen oder verändern
sollten

Zu guter Letzt 239

EIN PAAR VORBEMERKUNGEN

Die Schönheit in Stil,
Harmonie, Anmut und Rhythmus
beruht auf Einfachheit.

Platon

Den Anstoß für dieses Buch bekam ich in dem Jahr, als ich für meinen dritten Roman, «Die Rache der Frauen», in der Modebranche recherchierte. Damals las ich nicht nur viel über Mode, sondern unterhielt mich auch ausführlich mit amerikanischen Designern, Mitarbeitern von Modefirmen, Zeitschriftenherausgebern, Modejournalisten, Models, Modefotografen* und anderen, all jenen Männern und Frauen, die Kleider und deren Image schaffen und damit jeden von uns beeinflussen. Doch weit interessanter fand ich die Interviews mit «Normalmenschen» – Frauen, denen ich in allen Teilen des Landes in Einkaufszentren und Kaufhäusern begegnet war. Manche Frauen kauften sehr gern ein. Anderen war es ein Graus. Manche konnten ausgeben, was sie wollten; andere mußten nach Sonderangeboten suchen und jeden Pfennig zweimal umdrehen. Eines jedoch hatten alle gemeinsam: Mit wem auch immer ich sprach, paradoxerweise hatte nicht eine Frau das Gefühl, die

---

* Anmerkung der Übersetzerin: Die Berufsbezeichnungen im Amerikanischen sind neutral und umfassen beide Geschlechter. Ob die maskuline Berufsbezeichnung das im Deutschen auch leistet, ist derzeit in der Sprachgemeinschaft umstritten. Da ich mich zu keiner der neudeutschen Formen mit /-innen, Innen entschließen konnte und wollte, sei hier angemerkt, daß die maskulinen Berufsbezeichnungen im folgenden immer für beide Geschlechter stehen.

richtigen, zu ihr passenden Kleider zu tragen. Außerdem fand ich heraus, daß das Einkaufen als solches, also der eigentliche Akt des Aussuchens und Erwerbens, zur persönlichen Obsession der Frauen geworden war. Die Frage, warum so viele Frauen wie besessen Kleider kaufen, erschien mir der Untersuchung wert. Ebenso wollte ich der Frage nachgehen, wie die «Mode-Raffkes» – nicht die kreativen, sondern die rein gewinnorientierten Sektionen der Modeindustrie – diese Besessenheit häufig noch anstacheln oder sogar ausnutzen.

Ich schloß meinen Roman ab; und mittlerweile beschäftigte mich auch die Frage, wie *ich selbst* mich anzog, wie ich einkaufte und welche Einstellung ich Kleidung gegenüber hatte. Die Antworten waren vielschichtig und verwirrend, und so ließ mich das Thema nicht mehr los. Nun, nach einem umfangreichen, acht Monate währenden Prozeß, habe ich eine Art persönlicher Mode-Erleuchtung erreicht. Wie jede Erleuchtung ist sie einfach – aber nicht leicht. Sie kam nicht über Nacht und war auch nicht genau das, was ich erwartet hatte. Wenn Sie das Gefühl haben, daß Sie eigentlich besser angezogen sein könnten, als Sie es tatsächlich sind, dann finden Sie vielleicht hier eine Antwort auf Ihre Fragen.

Das zweite Paradoxon, das ich schließlich entdeckte, war der Schlüssel zum ganzen Problem, nämlich die Tatsache, daß gerade die Modekenner sich *nicht* auf alle Trends und Modetorheiten einlassen. So wie der Arzt zu seinen Patienten und ihren Leiden einen gewissen inneren Abstand hält, kleideten jene sich sozusagen in eine

«Uniform», um sich nicht zu verzetteln. Die meisten hatten einen eigenen Stil entwickelt und blieben diesem treu. Das bewahrte sie offensichtlich vor Verunsicherungen und befreite sie von einer sklavischen Befolgung der Modetrends, während sie sich durch ihren Stil gleichzeitig etwas Unverkennbares gaben, das weit besser wirkte als die exklusiven Modefotos, die sie mit entwarfen und der Öffentlichkeit präsentierten. Ich hatte das Glück, einige der klügsten Vertreter aus der Seventh Avenue in New York, dem Zentrum des amerikanischen Modedesigns, interviewen zu können. Und allmählich kam ich zu der Erkenntnis, daß ich nicht nur meinen Roman hatte schreiben müssen, sondern daß auch Bedarf an einem Buch bestand, das modernen Frauen aus dem Modelabyrinth heraushilft.

Mit einigen einfachen (aber nicht unbedingt leichten) Schritten garantiere ich Ihnen Erfolg in folgenden Punkten:

- Sie sind jederzeit besser gekleidet.
- Sie sparen Zeit beim täglichen Ankleiden und beim Kleiderkauf.
- Sie geben weniger Geld für Kleidung aus.
- Ihr Kleiderschrank ist übersichtlich und nicht mehr überfüllt.
- Sie verdienen dabei sogar ein wenig Geld
- und helfen unter Umständen weniger vom Glück begünstigten Menschen.

Nein, ich schlage Ihnen nicht vor, dem Orden der Karmeliterinnen beizutreten (wenn auch der Klosterlook vor ein paar Jahren tatsächlich groß rausgekommen ist). Ich will auch nicht, daß Sie jedes Modebewußtsein vergessen und den Rest Ihres Lebens in Jeans und Sweatshirt verbringen. Ich bin fest überzeugt, daß die weiblichen Vertreter unserer Gattung von jeher ein angeborenes sinnliches Vergnügen an Schmuck und Zierde hatten. (Ich bin sicher, manche Steinzeitfrau wollte sich auf den Tod nicht in einem Feigenblatt sehen lassen – sie hielt sich mehr für den Bambustyp.) Und ich betrachte das als eine uns Frauen eigentümliche, gesunde und kreative Form des Selbstausdrucks. Allerdings haben wir uns, wie ich zeigen werde, von diesem Impuls zu sehr verführen lassen.

Ich bin außerdem überzeugt, daß Stil nicht von außen, sondern von innen kommen muß. Was D. T. Suzuki über Zen geschrieben hat, das läßt sich auch über das Gefühl für Stil sagen: «Zen ist in seinem Kern die Kunst, das Wesen des eigenen Seins zu erkennen, und es zeigt uns den Weg aus der Knechtschaft zur Freiheit.» Jede von uns kann ihre eigene Freiheit finden und jenes Vergnügen zurückgewinnen, das eigentlich unser Geburtsrecht ist. Die Erleuchtung in Stilfragen läßt sich – genau wie die im Zen – durch Meditation und Innenschau erreichen und nicht durch einen Werbespot im Fernsehen, ein Zeitschriften-Layout oder irgendeinen anderen letztlich enttäuschenden äußeren Anstoß.

Doch ich bin klug genug, zu wissen, was ich *nicht*

weiß. Nicht nur weiß ich, daß ich anderen Frauen nicht sagen kann (und will), wie sie sich anziehen sollen. Ich wußte gleichfalls, daß ich in den höheren Fragen von Ästhetik und Stil nicht kompetent genug bin, ein Projekt wie das vorliegende ganz allein anzugehen. Daher habe ich Amy Fine Collins, Mode-Ressortleiterin von *Harper's Bazaar* und freie Mitarbeiterin bei *Vanity Fair*, um ihre Mitwirkung gebeten. Das umfassende Wissen dieser allgemein bewunderten Frau in Sachen Kunst- und Modegeschichte, ihr unvergleichliches Gespür für Stil und ihre durch die Praxis erworbenen Kenntnisse der Modeindustrie haben dieses Buch mit zu dem gemacht, was es ist. Obgleich ich also auf allen folgenden Seiten mit meiner eigenen Stimme spreche, hat Amy dieses Buch genauso geschrieben wie ich, und sie hat jedes Wort gegengelesen.

Im ganzen Buch haben wir Experten und Designer zitiert, die wir bewundern. Nicht weil wir denken, daß Sie deren Kleider kaufen sollten, sondern weil diese Künstler sich ausführlich mit dem Problem der Selbstdarstellung beschäftigt haben und ihre praktischen Ratschläge für uns alle von Nutzen sein können.

Unsere Absicht ist, Ihnen einen einfacheren Zugang zu der Frage zu verschaffen, wer Sie sind und wie Sie aussehen wollen. Ich weiß, daß Vereinfachen nicht leicht ist. Und doch scheint mir, daß die Frauen des ausgehenden Jahrtausends – selbstbewußter und umweltbewußter denn je – soweit sind, daß sie aus dem Laufrad der Trendhörigkeit aussteigen und statt dessen einen authentischen und dauerhaften persönlichen Stil entwickeln können und wollen. In diesem Buch machen wir keine Vorschriften, sondern weisen eher auf vieles hin, was Sie eigentlich schon wissen. Wir sagen Ihnen nicht, was Sie tragen sollen, sondern geben Ihnen das notwendige Handwerkszeug, mit dem Sie selbst entscheiden können. Wir hoffen, daß wir Ihnen einen Weg aufzeigen können, den Sie selbst schon seit einiger Zeit suchen. Ich würde mich freuen, wenn dieses Buch Ihnen dabei hilft.

Olivia Goldsmith

Seit ich mir die Lackspangenschuhe selbst zumachen konnte, und wahrscheinlich schon davor, habe ich Kleider geliebt. Mein Lieblingsspielzeug waren Barbiepuppen mit der allerneuesten Mode und Anziehpuppen aus Papier, deren Kleider ich oft selbst zeichnete. Haargenau erinnere ich mich an die komplette Garderobe meiner Mutter während meiner Kindheit. (Sie war nach Paris gegangen, um Mode zu studieren, statt dessen aber bei der Kunstgeschichte gelandet.) Und bis heute erinnere ich mich an Ereignisse, indem ich mir ins Gedächtnis zurückrufe, was ich bei der betreffenden Gelegenheit trug. Immer schon habe ich die Schönheit, den Zauber und die Phantasie in den Modezeitschriften bewundert, ohne mir je träumen zu lassen, daß ich eines Tages für eine solche arbeiten würde. Meine Kindheit im Süden der USA hat einen gewissen Hang zu weiblicher Verspieltheit begünstigt, was jedoch niemals auf Kosten meiner anderen Interessen ging.

Es stimmt mich traurig, daß etwas, was für mich immer eine Quelle des Vergnügens war, bei anderen Frauen Verwirrung, Unzufriedenheit und Angst hervorruft. Frauen lassen sich oft zu der Annahme verleiten, sie sollten den Bildern in den Modezeitschriften gleichen. Das ist aber ein Mißverständnis, denn deren Zweck ist ein anderer. Sie sind zur Inspiration gedacht, zur Anregung der Phantasie und wollen bewundert werden, nicht aber imitiert. Jedes historische Zeitalter braucht seine Schönheitsideale. Die alten Griechen hatten ihre Venusskulpturen, die Renaissance ihre Madonnenbilder. Da es sich jedoch nicht um Konsumgesellschaften handelte, betrachtete man diese weiblichen Abbilder als sinnliche oder spirituelle Muster – Wunschbilder der Kontemplation, nicht der Imitation. Alle zivilisierten Gesellschaften haben das Bedürfnis, Bildnisse der Schönheit zu erschaffen, und deren Anblick sollte ein Vergnügen sein, nicht aber als Bedrohung empfunden werden. Ein Ziel dieses Buches ist es, Ihnen den Unterschied zwischen dem gesellschaftlichen Schönheitsideal und Ihrem persönlichen Maß klarer zu machen und Ihnen zu helfen, sich dementsprechend zu kleiden und zurechtzumachen. Der Wunsch, uns herauszuputzen, um attraktiver zu wirken, ist ein tief verwurzelter, machtvoller Trieb. Statt diesen Instinkt zu verleugnen, ihm entgegenzutreten oder ihn zu mißbrauchen, wird es Ihnen hoffentlich gelingen, ihn zu zähmen und zu kultivieren.

Wenn Sie sich vom Überfluß der Möglichkeiten überwältigt fühlen, von der Vielzahl unterschiedlicher Vorbilder und wenn der Widerspruch zwischen Individualität und Anpassung Sie verwirrt, so stehen Sie nicht allein da.

Die Mode ist so pluralistisch geworden und unterliegt einem so schnellen Wandel, daß es nicht überrascht, wenn viele Frauen die Orientierung verloren haben. Kurze und lange Röcke, Schuhe mit eckiger oder schmal zulaufender Spitze, dramatisches oder unterkühltes

Make-up, all das kann in einer einzigen Saison problemlos nebeneinander existieren. Es war einfacher, schick zu sein, als immer nur eine Moderichtung Geltung beanspruchte. Doch in den Sechzigern wurde, zusammen mit so vielen anderen gesellschaftlichen Zwängen, auch das Diktat der Mode über Bord geworfen, weil es plötzlich veraltet erschien.

Glücklicherweise befinden wir uns nicht auf dem Weg zurück in eine Zeit des allgemeinen Konformismus. Solange die Mode also ein großer, vielgestaltiger Garten bleibt, aus dem Sie pflücken dürfen, was Ihnen gefällt, kann ein kleiner Führer nicht schaden, mit dessen Hilfe Sie die für Sie ideale Richtung finden. *Stil mit Gefühl* wird Ihnen helfen, Verwirrung, Enttäuschungen und alltägliche Dramen zu vermeiden und zu mehr Einfachheit, Klarheit und Stil zu finden.

Schließlich wollen wir ja so gut aussehen wie nur möglich. Unser Erscheinungsbild sollte für uns selbst und für die Menschen um uns herum eine Quelle des Vergnügens und des Stolzes sein. Zufriedenheit mit dem eigenen Aussehen verschafft uns die Freiheit, unser Leben voller Selbstvertrauen anzupacken.

Schick sein ist eine Kunst, aber wir sind nicht alle Künstler. Eine natürliche Begabung für Mode ist so selten wie ein besonderes Talent zum Malen. Interessanterweise sind viele professionelle Modeschaffende, ich selbst eingeschlossen, Möchtegernkünstler, die ihre kreative Energie von einem Feld aufs andere verlegt haben. Sowohl in der Mode als auch in der Kunst sind zur

Könnerschaft ein Gefühl für Proportion, Ausgewogenheit, Komposition und Farbe erforderlich – eine Kombination aus hoher visueller Wahrnehmungsfähigkeit, Mut und rigoroser Selbsthinterfragung. Dennoch erwarten nur wenige Frauen von sich, vollendete Maler zu sein – warum streben dann so viele von uns nach Perfektion in Fragen der Kleidung?

Nun, das liegt natürlich auch daran, daß jede von uns Kleider trägt. Und wir alle wollen das Anziehen, da wir es ja mindestens einmal täglich tun, lieber freudig und selbstbewußt erledigen als blind und verschüchtert. Einen Sinn für Stil zu entwickeln ist nicht nur ein wunderschönes Geschenk an sich selbst, es ist auch eine großzügige Geste gegenüber allen, die Sie täglich anblicken. Wir sind schließlich kein Kind, das denkt, keiner bemerkt es, nur weil es die Augen zugemacht hat. Was Sie am Leib tragen, teilt aller Welt mit, was Sie im Kopf haben.

Ich hoffe, *Stil mit Gefühl* hilft Ihnen, sich größere Klarheit darüber zu verschaffen, wer Sie sind und wie Sie aussehen wollen. Ob Sie einen konservativen oder einen extravaganten Geschmack haben, Ihre Garderobe ist die öffentlichste und die direkteste Form des Selbstausdrucks. Schönheit, Jugend und Sex-Appeal sind – was für eine gute Nachricht! – für eine stilvolle Erscheinung nicht nötig. Sie können sogar hinderlich sein. Und von all diesen Eigenschaften überdauert nur der Stil die Jahre. Ist das nicht ein Grund zum Feiern?

Amy Fine Collins

DIE MODEFALLE

oder

Warum die meisten Frauen nicht gut gekleidet sind

Mode ist dafür gemacht,
aus der Mode zu kommen.

Coco Chanel

st das allmorgendliche Ankleiden ein Problem für Sie? Finden Sie das, was in Ihrem Kleiderschrank hängt, gräßlich oder, noch schlimmer, das, was Ihnen aus dem Spiegel entgegenschaut?

Nun, Sie stehen nicht allein da. Wußten Sie, daß man sich in Europa über amerikanische Touristinnen lustig macht, weil sie sowenig Stil haben? «Warum sind alle amerikanischen Frauen so schlecht angezogen?» fragte mich einmal eine italienische Journalistin. «Sie sind nicht arm und auch nicht dumm, aber sie bringen es tatsächlich fertig, im Jogginganzug zum Essen auszugehen.» – «Und warum quellen amerikanische Frauen immer aus ihren Kleidern?» fragte mich eine französische Freundin. «Nichts sitzt richtig. Und immer tragen sie das Falsche, zu schlampig oder zu fein für die Gelegenheit.» Na ja, Sie wissen ja, wie das mit den Franzosen ist. Sie fühlen sich überlegen und halten damit nicht hinterm Berg. Aber trotzdem – was ist da eigentlich los?

Ich weiß nicht, wie es Ihnen geht, aber mich veranlaßten diese Fragen dazu, mich einmal aus der Distanz zu betrachten. War ich auch so ein Modetolpatsch? Wie schmerzlich, sich dies eingestehen zu müssen! Wenn Sie an Ihrem Sinn für Stil zweifeln (und das tun Sie, sonst hätten Sie dieses Buch nicht gekauft), dann versuchen Sie es einmal mit diesem hinterhältigen Fragebogen.

Sind Sie ein Modetolpatsch,
eine Expertin oder gutes Mittelmaß?

Sagen Sie immer, daß Mode Sie nicht interessiert, beneiden aber insgeheim Ihre Freundin um ihre geschmackvolle Garderobe?

J   N

Sind Sie jemals mit verschiedenen Schuhen an den Füßen aus dem Haus gegangen?

J   N

Werden Sie vom Verkaufspersonal übersehen, wenn Sie einkaufen gehen?

J   N

Haben Sie ernstlich in Erwägung gezogen, das Brautjungfernkleid, das Sie sich für die Hochzeit Ihrer besten Schulfreundin zulegten, weiter zu tragen?

J   N

Bringen Anlässe, bei denen gute Garderobe gefordert ist, Sie ins Schwitzen?

J   N

Leben Sie in Trainingsanzügen, obwohl Sie seit Monaten keine Sporthalle von innen gesehen haben?

J   N

Können Sie sich nicht mehr erinnern, wann Sie das letzte Mal ein Kompliment für Ihr Aussehen bekommen haben?

J   N

Haben Sie vergessen, was Sie gestern anhatten?

J   N

Auswertung

Alle Fragen mit Nein beantwortet = Gut für Sie! Geben Sie dieses Buch zurück! Sie wissen schon alles über Stil und Mode.
1–3 Fragen mit Ja beantwortet = Gutes Mittelmaß: Dieses Buch kann Ihnen weiterhelfen.
4–8 Fragen mit Ja beantwortet = Tja, Sie gehören zu den Modetolpatschen. Sie haben dieses Buch bitter nötig!

Es war eine schmerzliche Erkenntnis, als ich mir eingestehen mußte, daß die meisten Amerikanerinnen *wirklich* nicht gut gekleidet sind. Und das heißt nicht, daß wir keine modische Kleidung trügen oder daß wir uns keine Mühe gäben. Tatsächlich war es so, daß manche Frauen sich zuviel Mühe gaben und daß man dieses verzweifelte Bemühen sehen konnte. (Aber wenigstens muß man ihnen zugestehen, daß sie es versucht haben.)

Auf der Suche nach Antworten begann ich, Frauen genauer unter die Lupe zu nehmen. Ich sah Frauen mit wunderschönen Kleidern, die aber nicht richtig saßen; Frauen, deren Kleiderfarbe zu ihren Schuhen paßte, nicht aber zu ihrem Teint. Ich sah Frauen, die den Anschein erweckten, als hätten sie es aufgegeben; ich sah Frauen, die mit ihrem Aussehen «Noch mehr Gold!» zu schreien schienen oder «Noch mehr Stoff! Noch mehr Rüschen! Noch mehr Geklimper!» Sie sahen aus wie ein Teller, den jemand am Buffet nur mit Eiscreme, Kartoffelchips und Schokoladensauce vollgeladen hat – Schleckereien ohne Nährwert –, was das gleiche bedeutet wie «kein Geschmack».

Und was ist nun die Wurzel des Problems? Wie ist es überhaupt dazu gekommen? Als ich meine Nachforschungen fortsetzte, zeichneten sich drei Ursachen ab:

- Zuviel des Guten
- Der Einfluß der «Mode-Raffkes»
- Fehlende Konzentration

Zuviel des Guten

Amerikanische Frauen betrachten Kleidung zu sehr als Selbstverständlichkeit, und das, ihr Lieben, ist Teil des Problems. Zum ersten Mal in der Geschichte kann man Kleider einfach fertig von der Stange kaufen. Ein einziger Impuls, schon hat man's. Das führt dazu, daß wir zuviel von allem haben.

Früher und bis in den Beginn dieses Jahrhunderts hinein nähte man seine Kleider entweder selbst oder bestellte sie bei einem Schneider. Was bedeutete, daß eine Frau lange und gründlich nachdachte, bevor sie in ihren Ballen Merinowollstoff hineinschnitt. Eine Geschmacksverirrung würde sie noch in Jahren tragen. Im achtzehnten Jahrhundert hatten die Frauen der entstehenden Mittelschicht oft nur drei oder vier Kleider, die sie erst ersetzten, wenn sie verschlissen waren.

Heutzutage versuchen wir nur zu oft, Kleidungsprobleme einfach durch mehr Geld zu lösen. Und wie bei den meisten Problemen bringt Geld auch hier nicht die Lösung. Mehr Sachen bedeuten in Wirklichkeit *mehr* Stilprobleme, nicht weniger.

Der Einfluß der «Mode-Raffkes»

Wir alle haben diese Erfahrung schon gemacht: Unser Kleiderschrank quillt über, und dennoch finden wir nichts zum Anziehen. Wie kommt es dazu? Das liegt nicht *nur* daran, daß Kleider von der Stange so leicht zu haben sind und wir sie unbeherrscht kaufen.

Viele Jahre lang hatte ich immer wieder die Theorie gehört, Designer – nach dieser Theorie meist männlich und schwul – haßten die Frauen und ließen sich lächerliche Schnitte einfallen, damit diese möglichst unvorteilhaft aussähen. (Ich wollte sogar einen solchen Typ in meinem Roman auftreten lassen.) In Wirklichkeit stellte ich dann jedoch fest, daß Designer – Männer oder Frauen, ungeachtet ihrer sexuellen Orientierung – Frauen zu mögen scheinen und fast immer die Vision einer schönen, fließenden Verbindung der Frau mit ihren Kleidern hatten. Vielleicht sind ihre Entwürfe nicht immer tragbar, und manche Modemacher sind sicherlich insofern schuldig, als ihre Modelle nur für den Körper einer schmalhüftigen Kindfrau gedacht sind, doch von Haß oder Verschwörung kann nicht die Rede sein.

Falls es wirklich eine Verschwörung geben sollte, kommt sie nicht von den Kreativen der Modebranche. Die Designer, Stylisten, Fotografen, Redakteure und Journalisten, die ich kennengelernt habe, waren alle – mehr oder weniger – ernstlich modebegeistert. Und meistens sind es Leute mit Stil, von denen man lernen könnte und die in der Regel ihr Wissen auch gern weitergeben. Zynismus und Herablassung gegenüber Frauen finden sich vielmehr bei den Geschäftsleuten, die im administrativen Bereich der Modeindustrie tätig sind. Diese Typen – ich nenne sie «Mode-Raffkes» – sind damit beschäftigt, die x-beliebigen Produkte der jeweiligen Saison hochzupushen, sie so billig wie möglich zu produzieren und so teuer wie möglich auf den Markt zu werfen. Sie beuten sowohl die Arbeiter aus als auch die Kunden. «Mode-Raffkes» sind nicht die Regel, aber es gibt sie sowohl unter den Produzenten als auch unter den Einzelhändlern der Branche. Und wir sind ihre Opfer.

Nun gehe ich davon aus, daß sie nicht schlimmer sind als die Geschäftsleute der Tabakindustrie: Sie haben uns am Haken und nutzen die Situation gehörig aus. Und das tun sie mit Hilfe einer Werbung, die Minderwertigkeitskomplexe und Ängste erzeugt, wenn wir aus der Reihe tanzen. Sie verkaufen *Mode* statt *Stil*. Pech, wenn man den Unterschied nicht erkennt. Wenn Sie sich dazu verleiten lassen, immer den letzten Schrei der Saison zu kaufen, obwohl das Ding Ihnen nicht steht und Sie sich darin schrecklich fühlen, dann liegt die Schuld nur teilweise bei Ihnen selbst. Die «Mode-Raffkes» haben ein weiteres Opfer niedergestreckt. Wir werden Ihnen erklären, wie Sie dem in Zukunft entgehen können. Und wie Sie eine Menge Geld sparen.

Fehlende Konzentration

Mal abgesehen vom Geld: Wieviel *Gedankenarbeit* und *Mühe* wollen Sie in Ihren persönlichen Stil investieren?

Für Frauen wie meine Freundin Greta, alleinerziehende Mutter und Investmentbankerin, heißt die Antwort: Nicht viel. Sie ist ein nüchterner, praktischer Typ. Doch auch alle Gretas dieser Welt werden das leise nagende Gefühl nicht los, daß sie eigentlich besser aussehen könnten. Vivian, einer Kunststudentin, scheint es dagegen beinahe *jede* Mühe wert zu sein, attraktiv auszusehen und sich wohl in ihrer Haut zu fühlen. Wenn Sie in eine der beiden Kategorien fallen oder, was wahrscheinlicher ist, irgendwo dazwischen liegen, ist *Stil mit Gefühl* für Sie hilfreich. Behalten Sie dabei aber immer im Kopf, daß Sie selbst bestimmen, wie wichtig Stil Ihnen ist.

Ich selbst habe den Eindruck gewonnen, daß den meisten Frauen sehr viel an ihrem Aussehen liegt. Das bedeutet aber nicht, daß wir Frauen wissen, was wir in dieser Hinsicht unternehmen sollen. Warum? Es gibt natürlich Sozialpsychologen, die darauf antworten würden, Amerikanerinnen litten noch immer unter dem puritanischen Unbehagen, schickes Aussehen oder Eitelkeit bezüglich der eigenen Erscheinung sei irgendwie sündig.

Ob das nun stimmt, sei dahingestellt, eines stimmt jedoch gewiß, nämlich daß es uns widerstrebt, uns intensiv mit der Frage auseinanderzusetzen, wie wir eigentlich aussehen wollen – in Anbetracht der Gegebenheiten und dessen, was für uns möglich ist. Vielleicht fehlt einigen von uns nur die Zeit, Aussehen und Stil einer echten Überprüfung zu unterziehen. Vielleicht ist es für uns auch leichter, unsere Mängel und Beschränkungen zu ignorieren, als uns ihnen zu stellen. Vielleicht sind wir auch nicht in der Lage, richtig hinzuschauen oder die korrekten Schlüsse daraus zu ziehen. Und vielleicht ist es sogar unmöglich, sich von den «Mode-Raffkes» nicht aus dem Gleichgewicht bringen zu lassen. Welche Gründe es auch sind – obwohl die meisten Frauen viel Geld ausgeben, konzentrieren sie sich nicht ernstlich auf die Frage, *wie* sie aussehen wollen, oder falls doch, so entwickeln sie keinen Plan, wie sie dieses Ziel erreichen können.

Zugegeben, es ist nicht leicht. Früher, ja vor gar nicht so langer Zeit, verbrachten Frauen mehr Zeit zu Hause in bequemer, nicht für die Öffentlichkeit bestimmter Kleidung wie der Kittelschürze (erinnern Sie sich?). Wenn sie sich öffentlich sehen ließen, warfen sie sich «in Schale», das heißt, daß sie sowohl die Vorgabe hatten, welches Äußere von ihnen erwartet wurde, als auch die Zeit, sich sorgfältig zurechtzumachen: Noch vor einer Generation lernte manche junge Frau, daß man in der Öffentlichkeit Hut und Handschuhe zu tragen hatte. Doch mit dem Eintritt der Frau in die Erwerbstätigkeit gewöhnten wir uns an das Erscheinen in der Öffentlichkeit und bereiteten uns nicht mehr darauf vor. Schließlich haben wir noch soviel anderes zu tun. Das ist der Kern des Problems. Denn sich attraktiv, angemessen und bequem zu kleiden ist eine schwierige Aufgabe.

All diese Einsichten sprach ich mit Amy durch. Zusätzlich zum Genannten – zuviel des Guten, der Einfluß der «Mode-Raffkes» und fehlende Konzentration – überraschte sie, daß viele Frauen die drei ungeschriebenen Gesetze des guten Geschmacks nicht befolgten. Ungeschriebene Gesetze? *Was für ungeschriebene Gesetze?* War das ein Geheimcode, der mir entgangen war? Na ja, sie sind schließlich die Grundbausteine dieses Buches geworden. Sie und die praktischen Ratschläge, die helfen, ihnen gerecht zu werden. Die Rede ist von Angemessenheit, Understatement und Wohlbefinden.

Gesetz des guten Geschmacks Nr. 1: Angemessenheit

In einem Einkaufszentrum in Florida fielen mir einmal einige Frauen auf, die sich als Sexbomben «verkleidet» hatten, während andere in busineßmäßigem Harnisch ohne einen Hauch von Sex-Appeal auftraten. Für den Modelaufsteg oder einen anspruchsvollen Nightclub wäre der sexy Look vielleicht das richtige gewesen, und die Zurücknahme jeglicher sexuellen Ausstrahlung ist für eine Geschäftsfrau bei einem Vorstandstreffen sicher absolut unverzichtbar – im Einkaufszentrum wirkte der «Schockeffekt» aber eher kläglich, und das «Spießige» sah nach Museum aus.

Angemessenheit bedeutet mehr, als nur sich Ort und Anlaß entsprechend zu kleiden. Es bedeutet auch, sich seiner selbst bewußt zu sein und ein positives und richtiges Bild von sich zu vermitteln. Manche Frauen, die ein lebhaftes, interessantes, freundliches und liebevolles Verhalten an den Tag legten, waren so langweilig gekleidet, daß sie in einem Brei von rosa-beigem Polyester, verwaschenen Jeans und Kreppsohlen zu verschwinden schienen, während bei anderen das Outfit so perfekt aufeinander abgestimmt, so verspielt oder so schreiend war, daß auch sie dahinter verschwanden – was immer an ihrem Gesicht, ihrer Persönlichkeit oder ihrer Ausstrahlung besonders war, ertrank im Zuviel ihrer Kleidung.

Die verstorbene Grace Kelly, Fürstin der Angemessenheit (und von Monaco), wußte, daß in den Vereinigten Staaten Angemessenheit für Unauffälligkeit steht, während es in der Gesellschaft Europas bedeutet, ein bißchen aufzufallen. Daher bevorzugte sie als Debütantin und später als junge Schauspielerin im Alltag Twinsets aus Kaschmir, weiße Handschuhe und Perlenkette zum makellos reinen Teint und frisch gewaschenen Haar. Als sie jedoch Fürstin war, legte sie für gesellschaftliche Ereignisse oder offizielle Anlässe ein Diamantendiadem an, steckte die Haare hoch und bevorzugte Kleider mit einem diskreten Hauch von Glamour.

Gesetz des guten Geschmacks Nr. 2:
Understatement

Diesem Prinzip liegt der Gedanke zugrunde, daß Sie etwas zu sagen haben, was das Zuhören lohnt, so daß Sie ruhig leise sprechen können; mit anderen Worten, Ihre Erscheinung braucht nicht jedem sofort ins Auge zu springen, die Botschaft kommt auch so an. Understatement bedeutet, allgemein gesprochen, klare Linien statt einer unruhigen, überladenen Silhouette, wenige harmonierende Farben und Zurückhaltung bei Glanzeffekten, Schmuck, nackter Haut usw. Beachten Sie aber, daß Understatement *nicht* bedeutet, sich selbst auszulöschen: «Ich möchte unsichtbar werden, damit keiner meine vielen Mängel bemerkt» heißt: «Keiner hat Mängel außer mir», was sowohl von wenig attraktivem Selbstmitleid zeugt als auch von schlechter Beobachtungsgabe.

Denken Sie an Cindy Crawfords Muttermal. Sie hat es nicht entfernen lassen. Sie benutzt es, um ihre Einzigartigkeit zu betonen. Aber Sie werden auch bemerkt haben, daß sie kein Theater darum macht und sich nicht etwa mit zusätzlichen Schönheitsflecken bemalt.

Die Designerin Carolina Herrera hat ein Pünktchen zu ihrem Markenzeichen gemacht — selbst auf ihren Parfümverpackungen setzt sie es ein —, aber sie verwendet es sparsam. Niemals würde man diese klassische, gelassene Schönheit in schreiendem Pünktchenmuster sehen.

Gesetz des guten Geschmacks Nr. 3: Wohlbefinden

Wie soll man Wohlbefinden definieren? Dieses Prinzip ist erfüllt, wenn man sehen kann, daß wir uns in unserer Haut wohl fühlen, daß wir Selbstbewußtsein ausstrahlen, nicht nur, was unsere angemessene, nicht übertriebene Kleidung angeht, sondern wir überhaupt mit uns und unserem Leben im reinen sind. Um die prägnanten Worte des Designers Bill Blass zu zitieren: «Selbstbewußtsein verleiht einer Frau Stil.»

Zu Beginn der Präsidentschaft ihres Gatten trug Nancy Reagan ihre komplizierten Arrangements von aufeinander abgestimmten Knöpfen, Schmuckstücken und Schuhen mit so viel Überzeugung, wie man nur verlangen konnte, doch die Art, wie alles bis ins kleinste Detail zusammenpaßte, erschöpfte den Betrachter, war zu pingelig. Fast glaubte man, wenn sie einen zu Hause besuchte, würde sie sofort anfangen, Stäubchen von den Fensterbänken zu schnipsen. Man hatte immer den Eindruck, daß es eine Qual für sie war, ständig dem Urteil der Öffentlichkeit ausgesetzt zu sein.

Isabella Rossellini hingegen, Schauspielerin und Model, sieht immer entspannt aus, ob sie nun einen Badeanzug trägt oder ein Abendkleid. Das liegt nicht nur an ihrer Schönheit; es liegt auch daran, daß sie voller Behagen Kleider trägt, die (leise) verkünden, wie wohl sie sich darin fühlt. Eine Designerin hat es auf den Punkt gebracht: «Eine natürliche Erscheinung ist die Essenz des Stils.»

Woran liegt es, daß so wenige von uns diesen ungeschriebenen Gesetzen des guten Geschmacks folgen, während wir doch gleichzeitig so viele andere Lektionen des Lebens gelernt haben? Einer der Gründe, denke ich, liegt darin, daß eigentlich jede von uns das Rad neu erfinden muß. Will man das Musikmachen lernen, so gibt es dafür Methoden; man beginnt mit Tonleitern, lernt ein Instrument beherrschen und vertieft nach und nach Kenntnisse und Fertigkeit, bis man selber neue Variationen zu den alten Stücken entwickeln kann. Wenn man dagegen lernen will, sich stilvoll zu kleiden, muß man sich mittels seiner Kleidung von Grund auf neu entwerfen, und gleichzeitig wird man von Angeboten und widersprüchlichen Ratschlägen aus Zeitungen, Zeitschriften und im Fernsehen geradezu überhäuft. Und so improvisieren und variieren viele Frauen schließlich zu Modethemen, bevor sie die Grundsätze des guten Stils erlernt haben. Jede kann Stil entwickeln, doch wenn man nicht, wie Amy, mit einem untrüglichen Gespür dafür zur Welt gekommen oder als Schauspielerin oder Künstlerin tätig ist, muß man zunächst eine eigene, persönliche Version des guten Geschmacks entwickeln, bevor man sich mit Verbesserungen beschäftigt. Das bedeutet nicht, daß man sich wie Grace Kelly, Jackie Kennedy, Cindy Crawford, Carolina Herrera oder Isabella Rossellini kleiden soll, doch in der Regel ist es nötig, die von ihnen verkörperten Prinzipien zu verinnerlichen: Qualität, Ausgewogenheit, Zurückhaltung, Wohlgefühl und das Wissen, wer man ist und wo man steht.

Die Uniform

Wie soll man all das praktisch umsetzen? An den stilvoll gekleideten Leuten in der Modebranche faszinierte mich am meisten, daß sie alle sich nicht länger nach der Mode richteten. Statt dessen hatten sie etwas, was ich «eine Uniform» nenne. Diese war zwar jeweils völlig unterschiedlich, doch jede einzelne Person hatte das ausgewählt, was ihr am besten stand, und schien dem dann treu zu bleiben. Dadurch erledigten sich nicht nur die Probleme mit dem Anziehen, sondern die betreffenden Personen hatten sich auch eine sichtbare Identität zugelegt.

Dieses Buch will Ihnen auf dem Weg zu diesem Ziel helfen: Hören Sie auf, wahllos Kleider zu kaufen, pfeifen Sie auf die Mode und nehmen Sie sich so, wie Sie sind. Betrachten Sie sich selbst und Ihre Lebensweise klar und vorbehaltlos. Misten Sie Ihren Kleiderschrank aus und bekennen Sie sich zu Ihren Fehlgriffen.

Dann werden Sie Klarheit darüber gewinnen, wie *Ihre* «Uniform» aussieht; das Anziehen selbst wird einfacher, ebenso wie Ihr Erscheinungsbild. Mit etwas Glück wird sich dieser Ansatz schließlich zu Ihrem persönlichen Stil weiterentwickeln.

Mit den Worten Valentinos: «Qualität in der Mode entsteht durch gute Verarbeitung, schöne Stoffe, deren Veredelung und die Details. Oftmals allerdings kann all dies der Klasse einer Frau nichts hinzufügen. Denn die Qualität einer Frau kommt aus ihrem Innern.»

KLEIDER UND ÄNGSTE

oder

In diese Fallgruben können Sie stolpern

Dächte der Taucher an die Zähne des Haifisches,
niemals hielte er die kostbaren Perlen in Händen.

Sa'di

n diesem Kapitel möchten wir Sie gern mit einigen der Fallen bekannt machen, die vielleicht auch *Ihre* Bemühungen um Stil und Schick untergraben. Wir haben eine Reihe von schlechten, nicht akzeptablen Gründen gefunden, die Frauen veranlassen können, sich auf eine bestimmte Art zu kleiden – und den dazugehörigen Look. Wenn Sie sich in einer dieser Kategorien wieder-erkennen, haben Sie den ersten Schritt zu Ihrem indivi-duellen Stil schon getan. Wir werden Ihnen also jetzt *nicht* sagen, welche Absatzhöhe derzeit «in» ist. Was all die folgenden Vorstellungen jedoch gemeinsam haben – und das ist der Grund, warum man sich von ihnen fern-halten sollte –, ist die Tatsache, daß sie alle auf Angst be-ruhen, einem Gefühl, das lähmt und blind macht.

Persönlicher Stil ist untrennbar verbunden mit Selbst-sicherheit. Prüfen Sie, ob Sie, statt einfach anzuziehen, was Ihnen gefällt, einer der folgenden Ängste erlegen sind.

Haben Sie Angst, zu reich auszusehen?

Dieser Look – manchmal «umgekehrter Schick» oder «umgekehrter Snobismus» genannt – ist bei altem Geld-adel, bei Liberalen mit Schuldgefühlen und / oder Femi-

nistinnen verbreitet. Sie wissen, wie das aussieht: fusse-
lige Polyesterkleider statt schöner Seide; altmodischer,
verschlissener Lotterkram, der die Trägerin nicht hübscher macht (und die Arme-Leute-Nummer nimmt ihr
ohnehin keiner ab). Sich in Sachen Kleidung kleinzumachen ist eine Art, sich im Leben kleinzumachen.

Haben Sie Angst, zu arm auszusehen?

Diese Angst führt normalerweise zum Anhäufen von
falschem Glanz – vergoldete Knöpfe, billige Kopien
teurer Kleider, Tücher und Schuhe. Das Ergebnis ist
beinahe immer das Gegenteil des Angestrebten. Der verzweifelte Versuch, einen teuren Kleidungsstil zu imitieren, den man sich nicht leisten kann, führt nur dazu, daß
das Nachgemachte im Vergleich zum Echten billig aussieht. Versuchen Sie statt dessen etwas Authentisches zu
finden, das Sie sich leisten können.

Haben Sie Angst, zu konformistisch
auszusehen?

Sie kennen das: Piercing am ganzen Körper, Tätowierungen, zuviel Leder, schmutzige Jeans, alles ist einem
authentischen Rebellenstil der Vergangenheit entlehnt
(Hippie, Beatnik, Punk). Paradoxerweise ist dieser «auf-
müpfige» Look oft der konformistischste weit und breit.

(Heranwachsende tappen häufig in diese Falle, aber sie sind entschuldigt, denn sie können verrückt spielende Hormone und den schmerzlichen Übergang ins Erwachsenenalter geltend machen.) Wenn Sie Tätowierungen einfach schön finden, prima. Doch wenn Sie denken, Sie seien damit Avantgarde, sollten Sie sich fragen, wie Sie nonkonformistisch sein können, wenn noch Tausende anderer Leute zerlöcherte Bluejeans, Nasenringe und einen Kahlkopf zur Schau tragen …

Haben Sie Angst, aus der Reihe zu tanzen?

Ach, diese Büros voller Klone oder die Mittelstandsgattinnen der Vorstädte! Wir wissen, daß in vielen Berufen, Schichten und sogar Wohngegenden eine ungeschriebene Kleiderordnung gilt, und wie Sie sich erinnern werden, plädieren wir ausdrücklich für Angemessenheit. Doch wir wollen Sie dazu bringen, innerhalb dieses Kodex so kreativ und individuell wie möglich zu sein. Wenn Sie eine Gruppe von Mädchen in Schuluniform anschauen, werden Ihnen ein Dutzend unglaublich einfallsreicher, subtiler, individueller Noten auffallen, die manche Uniformen persönlicher machen – Variationen der Rocklänge, des Strumpfumschlags, der Kragenform oder einfach die Art, wie die Ärmel aufgekrempelt sind. Wenden Sie dasselbe Prinzip auf die Kleiderordnung Ihrer Gruppe an.

Haben Sie Angst, zu sexy auszusehen?

Ich selbst bin ein Opfer dieser Angst, die nur zu oft zu schlabbriger, formloser, zugeknöpfter, verklemmter oder übermäßig männlich wirkender Kleidung führt. In der Geschäfts- und Bürowelt hoffte ich, damit sexueller Belästigung vorzubeugen. (Es hat nicht gewirkt.) Im Privatleben wollte ich damit mein Gewicht kaschieren und mich anziehender machen. (Ich lag total daneben.) Eine Frau, die dieser Angst erliegt, wirkt gezwungen oder unsinnlich, unnahbar und nicht begehrenswert – und zwar nicht nur auf Männer, sondern auch auf andere Frauen, Kinder und Haustiere. (Na gut, meine Beaglehündin schmuste trotzdem mit mir.)

Susan, eine gute Freundin von mir, hat mich auf diese Fallgrube aufmerksam gemacht. Susan trägt enge, figurbetonte Turtlenecks und Hosen mit besonders schmaler Taille. «Ich fühl mich gut, wenn ich sexy aussehe. Wir sollten uns die Freiheit nehmen, uns auf diese Art auszudrücken. Es macht Spaß.» Und es paßt genau zu Susan.

Haben Sie Angst, nicht sexy genug auszusehen?

Sie wissen ja, wozu das führt: Betrachten Sie diese Möchtegern-Vamps da draußen nicht auch mit einem gewissen Mitleid, wie sie sich abmühen, einen Film- oder Rockstar oder irgendein anderes unrealistisches Vorbild zu kopieren? Zuviel Haar, schreiender Schmuck, billiges Parfüm, schlechtsitzende, zu enge Kleidung. Wenn diese Beschreibung auf Sie zutrifft, reißen Sie sich zusammen! Auch ohne hautenges Top und durchsichtiges Latexröckchen werden die Männer wissen, daß Sie eine Frau sind. Pierre Cardin, der große französische Designer, kennt diese Angst: «Es ist unklug, gleich alles zu zeigen, was eine Frau ausmacht», sagte er. «Stimulieren Sie die Phantasie. Der Reiz ist verflogen, wenn man gleich alles sieht. Es ist wie bei einem Buch – wenn man das Ende der Geschichte schon kennt, ist es nicht mehr spannend.» Sexy und verführerisch ist das Geheimnisvolle, nicht das Offensichtliche.

Haben Sie Angst, zu sehr aufzufallen?

Das Mauerblümchen-Syndrom («Meinen Sie etwa mich?») führt in der Regel zu Schlampigkeit, schlechter Haltung und farbloser, langweiliger Kleidung, die mit der Haut zu einem Ton zu verschmelzen scheint. Wenn Sie auf einem beige Sofa in einem Wartezimmer unsichtbar werden, sind Sie ein Opfer dieser Angst. Eleganz kann zurückhaltend sein, braucht aber Selbstvertrauen. Dazu ein Zitat von Emanuel Ungaro: «Eine Frau, die ihr Aussehen richtig interpretiert, wird nie zum Modeopfer. Eine wirkliche Frau sein, voll Selbstvertrauen, aktiv und modern, das sind die Bestandteile wahrer Eleganz.»

Haben Sie Angst, in der Masse unterzugehen?

Diese Angst ist das Gegenstück zum eben erwähnten «Meinen-Sie-mich?»-Effekt. Sie zeigt sich in auffälligen, aber wenig kleidsamen Hüten, papageienbunten Kleidern und schreiendem Make-up, klimperndem Schmuck, laut klackenden, hohen Absätzen und auffälligem Firlefanz an Schuhen, Gürteln und sogar Sweatshirts. Den Opfern dieses Problems sei gesagt: Manchmal ist Flüstern die beste Art, sich Gehör zu verschaffen.

Haben Sie Angst, zu alt auszusehen?

Wer hat die nicht in unserer jugendnärrischen Zeit? Wenn diese Angst aber dazu führt, daß man sich in seinen mittleren Jahren wie ein Teenager anzieht, dann hat man ein Problem. (Nach unserer Meinung sollten sich manchmal selbst *Teenager* nicht wie Teenager anziehen.) Wenn Sie sich viel jünger anziehen, als Sie sind, sehen Sie durch den Kontrast nur um so älter aus – genau, wie wenn man sich jünger schwindelt. Diese Angst kann auch dazu führen, daß Sie auf jeden neuen Trend aufspringen, ohne darüber nachzudenken, ob der Look Ihnen auch steht und zu Ihnen paßt. Wer möchte schon so aussehen wie ein Schaf, das sich als Lamm verkleidet hat? Und *wen* führen Sie damit hinters Licht? Jugendlichkeit ist eine Frage der Einstellung und der Energie, nicht der Kleidung.

Haben Sie Angst, zu jung auszusehen?

Die meisten von uns entwachsen diesem Problem spätestens Ende Zwanzig, doch wo immer diese Angst auftritt, führt sie zu einer aufgesetzten Raffinesse, die linkisch wirkt und den wahren Reiz der Jugend verdeckt. Übliche Fehler im Gefolge dieser Angst sind zuviel «guter» Schmuck, Pelzmäntel, sehr hohe Absätze, zuviel Make-up – ganz die verkleidete Minderjährige. Wenn Sie jung sind, lernen Sie von den Älteren, aber ziehen Sie sich nicht an wie sie – noch nicht. Dafür gibt es noch mehr als genug Zeit. Bei den Franzosen heißt es: «Eleganz ist ein Privileg des Alters.»

Haben Sie Angst, zu lässig zu wirken?

Hey, kleine Miss Perfect, entspannen Sie sich! (Wir meinen sich wirklich entspannen, nicht «Entspannung» als sorgfältig kalkulierten Akt analog Ihrer ganzen Aufmachung.) Öffnen Sie einen Knopf, schieben Sie Ihre Pulloverärmel hoch, lockern Sie den Knoten Ihres Halstuchs. Gute Kleider sind dafür entworfen, daß man sich in ihnen bewegt, sie sollen fließen. Sonst sehen Sie aus wie ein fein säuberlich verschnürtes Geschenkpäckchen, in dem nichts drin ist.

Haben Sie Angst, zu förmlich zu wirken?

O Gott, diese Frauen in Radlerhosen und Turnschuhen im Museum, in Skijacken im Theater! Erweisen Sie der Gastgeberin einer Party, der Stadt, die Sie besuchen, den alten Freunden, mit denen Sie sich zum Essen treffen, ein wenig Respekt – und sich selbst auch. Schlampig, dreckig, unordentlich – der «Ich komme gerade von einer Woche Outdoor-Trecking zurück und hatte keine Zeit, mich umzuziehen»-Look –, das funktioniert nicht, außer in der Wildnis.

Haben Sie Angst, zu modisch zu wirken?

Ja, die neueste Ausgabe von *Allure* kann tatsächlich zu einer verängstigten Gegenreaktion führen. (Das ist kein neues Problem: Eine der Figuren aus Edith Whartons Roman «Im Himmel weint man nicht» hatte so große Angst davor, zu modisch zu erscheinen, daß sie ihre neuesten Pariseinkäufe ein Jahr lang in einer Schachtel zwischenlagerte, bevor sie sie trug!) Wenn alles Neue Ihnen zuviel ist und Sie davor zurückschrecken, bedeutet das vielleicht, daß Sie Ihren Stil niemals ändern werden – selbst dann nicht, wenn er nicht mehr zu Ihnen paßt. Mit Ihrem zu kurzen Mantel und Ihrem zu langen Kleid sind Sie in einer längst vergangenen Zeit steckengeblieben. Diese Angst erzeugt einen Frauentyp, der aus seiner Kleidung – oder, so gesehen, aus dem Leben – keinerlei

Vergnügen gewinnt. Bedenken Sie die Worte Jouberts: «Wer mit der Mode geht, ist manchmal weniger eitel, als wer dem alten verhaftet bleibt.»

Haben Sie Angst, nicht modisch genug zu wirken?

Diese Angst – das Gegenteil der obigen – führt zu sklavischer Befolgung jedes Modediktats: Sie häufen alles an, was Sie in der Werbung, in Zeitschriften oder Modeshows zu sehen bekommen. Können Sie sich denn kein eigenes Urteil bilden? Und es kostet Unmengen Geld, im Laufrad der Mode mitzuhalten. Interessanterweise haben viele Spitzendesigner wie Bill Blass erklärt, daß «nichts den Stil einer Frau mehr verdirbt, als der Mode zu folgen».

Haben Sie Angst, sich zuviel Mühe zu geben?

Wenn Sie so aussehen, als wäre es Ihnen egal, welchen Eindruck Sie machen, wirkt es so, als wären auch Sie selbst sich egal. Und warum sollte dann irgend jemand anderem etwas an Ihnen liegen? Seien Sie stolz auf Ihr Aussehen. Es gibt keinen Grund, sich dessen zu schämen, was auch immer man Ihnen gesagt hat. Legen Sie etwas Make-up auf, bügeln Sie Ihre Kleider, versuchen Sie es einmal mit einem Paar Schuhe mit Absätzen.

Haben Sie Angst, sich nicht genug Mühe zu geben?

Wenn Sie sich zuviel Mühe geben, wird man Ihnen die Unsicherheit und Anspannung ansehen. Übertriebene Rücksicht auf harmonisch abgestimmte Farben, Muster und Stoffe wirkt pedantisch, gekünstelt und ängstlich. Entspannen Sie sich, seien Sie ein bißchen locker, lassen Sie das eine oder andere weg, weniger ist mehr. Ziehen Sie sich an, wie Sie sind, nicht, wie Sie von anderen gesehen werden wollen. Giorgio Armani, mein Zeus im Pantheon der Designer-Götter, sagte mir: «Zwingen Sie sich nicht, wie jemand auszusehen, der Sie nicht sind. Natürlichkeit ist ein Synonym für Stil.»
Gehen Sie nun also den folgenden Minifragebogen durch, und kreuzen Sie die für Sie zutreffenden Kästchen an.

Haben Sie Angst . . .

. . . zu reich auszusehen?	☐
. . . zu konformistisch auszusehen?	☐
. . . zu sexy auszusehen?	☐
. . . zu sehr aufzufallen?	☐
. . . zu alt auszusehen?	☐
. . . zu lässig zu wirken?	☐
. . . zu modisch zu wirken?	☐
. . . sich zuviel Mühe zu geben?	☐
. . . zu arm auszusehen?	☐
. . . aus der Reihe zu tanzen?	☐

. . . nicht sexy genug auszusehen? ☐
. . . in der Masse unterzugehen? ☐
. . . zu jung auszusehen? ☐
. . . zu förmlich zu wirken? ☐
. . . nicht modisch genug zu wirken? ☐
. . . sich nicht genug Mühe zu geben? ☐

Welche Ängste haben Sie?

Stellen Sie sich abschließend noch folgende Frage: Welchem Publikum möchte ich eigentlich gefallen? Die einzig gültige Antwort ist unserer Meinung nach: *Ihnen selbst*. Auch zwei Designer bestätigen diese Ansicht. Fernando Sanchez' wichtigster Rat in Sachen Stil war: «Seien Sie Sie selbst – nehmen Sie Ihre eigenen Empfindungen als Grundlage.» Und Todd Oldham meinte: «Ziehen Sie sich nur für sich selbst an.»

Um sich selbst zu gefallen, müssen Sie jedoch Ihre Ängste kennen und sie überwinden. Dabei wollen wir Ihnen helfen. In diesem Buch zeigen wir Ihnen, wie Sie sich mit weniger Aufwand wohler in Ihrer Haut fühlen und besser aussehen. Dazu ist zunächst allerdings eine aufmerksame Selbstbetrachtung erforderlich. Nur Sie können das für sich tun.

In den folgenden Kapiteln schlagen wir Ihnen eine Kombination aus Innenschau und Tätigwerden vor, die Sie zu einer stilvolleren und vereinfachten Garderobe führt. Und zwar in diesen Schritten:

- Misten Sie Ihren Kleiderschrank aus und finden Sie dabei Ihr wahres Ich (Kapitel 3).
- Entdecken Sie, wie Sie wirklich aussehen – und was Sie damit erreichen können (Kapitel 4).
- Lösen Sie die Spannung zwischen gut aussehen und sich wohl fühlen (Kapitel 5).
- Nehmen Sie Ihr Gewicht nicht als Entschuldigung dafür, nicht schon jetzt gut auszusehen (Kapitel 6).
- Bedienen Sie sich der sechs Möglichkeiten, sich stilvoll, schick und einfach zu kleiden (Kapitel 7).
- Finden Sie Ihren Mode-Guru (Kapitel 8).
- Tragen Sie Ihre neue Garderobe zur Probe und nehmen Sie die letzten Korrekturen vor (Kapitel 9).
- Kaufen Sie Kleider, ohne daß Ihr Schrank überquillt (Kapitel 10).
- Wählen Sie die Accessoires, die Sie brauchen, und entledigen Sie sich des Rests (Kapitel 11).
- Machen Sie aus Ihrem Kleiderschrank einen Verbündeten (Kapitel 12).
- Pflegen Sie Kleider, Haut und Haar liebevoll (Kapitel 13).
- Überlegen Sie, wann Sie Ihren persönlichen Stil auffrischen oder verändern sollten (Kapitel 14).

EINFACH IST NICHT LEICHT

oder

Mit Zen zum eigenen Stil

Besser etwas verlieren als etwas hinzugewinnen.

Boris Pasternak

Das allmorgendliche Ankleiden war immer ziemlich mühsam. Ich wußte einfach nicht, wo ich anfangen sollte. Meistens nahm ich eine Bluse heraus, nach der mir der Sinn stand, oder vielleicht einen Rock, und dann suchte ich etwas, das dazu paßte, aber das Oberteil sah ohne Gürtel nicht richtig aus, und ich hatte keinen Gürtel in der passenden Farbe, der schmal genug für den Rock war, und Viertel nach acht war auch schon vorbei. Ich dachte immer, meine Probleme mit dem Anziehen seien das Ergebnis schlechter Planung und eines Mangels an geeigneter Kleidung. Ich war der Meinung, wenn ich nur den *richtigen* schmalen Gürtel hätte, wäre alles in Ordnung. Richtig? Falsch!

Natürlich war mir wie jedem, der einmal in Paris gewesen ist, aufgefallen, wieviel die französischen Frauen aus sich machen. Sie haben mich immer beeindruckt – so stilvoll und doch so einfach –, insbesondere wenn man bedenkt, was gute Kleidung dort kostet. Ich fragte eine Sekretärin (wie niedrig ihr Gehalt war, wußte ich), wie sie das anstellte. Ihre Antwort war: «Ich kaufe in jeder Saison nur eine einzige neue Kombination. Zuerst schaue ich mich gründlich um, was mir wohl stehen könnte. Dann konzentriere ich mich auf ein paar Sachen. Ich probiere sie mehrmals an. Manchmal warte ich sogar, bis ich sie im Schlußverkauf bekomme. Auf jeden

Fall warte ich, bis ich weiß, daß sie mir stehen und daß ich sie wirklich mag.»

Auf jeden Fall warte ich, bis ich weiß, daß sie mir stehen und daß ich sie wirklich mag. Na ja, nicht gerade typisch amerikanisch, aber ich mußte zugeben, daß ich selbst nach mehr als zwanzig Jahren Einkaufspraxis nicht so aussah, wie ich wollte. Und die Lösung konnte (auch wenn ich es jede Saison wieder versuchte) einfach nicht «mehr Kleider» oder «andere Kleider» heißen. Vielleicht war «weniger Kleider» das richtige. Ganz im Sinne der neunziger Jahre. So ökologisch!

In der Tat staunen europäische Besucher häufig über Größe und Anzahl der Kleiderschränke in amerikanischen Haushalten. Ganz nach dem American way of life reagieren wir fast reflektorisch auf die Irrungen und Wirrungen der Mode, indem wir loslaufen und noch mehr kaufen. Doch das funktioniert nicht. Wie der Schuhdesigner Manolo Blahnik bemerkt hat: «Es geht um die richtige Auswahl, darum, weniger zu wählen. Das ist etwas, was Amerikaner nicht verstehen. Sie denken, mehr sei besser.» Wie die meisten Probleme läßt auch dieses sich nicht einfach mit Geld lösen.

Mittlerweile werden Sie festgestellt haben, daß dieses Buch keineswegs die Idee vertritt – im Gegenteil, es verurteilt sie sogar –, die Problematik Ihres persönlichen Stils lasse sich durch Äußerlichkeiten lösen. Sie brauchen nicht einfach einen Blazer mehr, ein weiteres Paar Schuhe oder die richtige Handtasche. Und ganz gewiß brauchen Sie keines dieser oberflächlichen Rezepte, wie man sich als Erfolgstyp zu kleiden habe, und auch keinen Zeitschriftenartikel mit einer Liste, was in diesem Jahr ein «Muß» ist: ein Faltenrock, ein marineblauer Blazer und so weiter und so fort.

Es ist nicht leicht, sich gut zu kleiden, auch wenn man unglaublich viel Zeit und eine Menge Geld darauf verwendet. Wenn es leicht wäre, würden neun von zehn Frauen gut aussehen. Wir müssen unsere Ängste überwinden, uns als das sehen, was wir sind, und dürfen uns nicht von den «Mode-Raffkes» ablenken lassen. Auf jeden Fall hatten alle *meine* Kleiderkäufe nicht dazu geführt, daß ich mit meinem Aussehen glücklich war. Und die Recherchen für meinen Roman «Die Rache der Frauen» bestärkten mich in meiner Vermutung, daß Shopping nicht die Lösung war. Als ich gerade an der letzten Passage des Romans schrieb, las ich zufällig ein Interview mit Andrée Putman, der berühmten französischen Architektin, einer echten Autorität in Stilfragen. «Die amerikanischen Kleiderschränke sind für mich ein Schock», erklärte sie. «So viel, viel zuviel. Niemand kann sich bei so vielen Kleidern gut anziehen.»

Niemand kann sich bei so vielen Kleidern gut anziehen. Also, da hatte ich es. Vielleicht war das der Grund, warum ich mich so selten «in Ordnung» fühlte. Es konnte nicht an meinem Geschmack liegen, oder? Ich meine, ich weiß, was mir gefällt. Ich weiß, glaube ich, sogar meistens, was mir steht. Und ich weiß, daß ich schöne Kleider habe. Wo lag also das Problem? Das Problem hieß – in einem Wort: *zuviel*.

Nun, Amy half mir erkennen, worin Stil besteht, und sogar verstehen, wie man seine Prinzipien durchbrechen kann. Und sie machte mir einige Fallen bewußt, in die einen Angst und Unsicherheit immer wieder tappen lassen. Doch wenn ich nun auch eine herrliche klare Vision im Kopf hatte, war mein Kleiderschrank noch immer ein absolutes Chaos. Das kam vom Shoppen. Denn wie die meisten von uns hatte ich zu oft Kleider gekauft, und die falschen.

Um die Wahrheit zu sagen: Ich besaß mehr als genug. Mein Kleiderschrank bewies es! Da war diese London-reise im August gewesen. Harrods, Harvey Nichols, Nicole Farhi, Joseph Tricot, Charles Jourdan, und *alle* hatten Schlußverkauf. Unwiderstehliche Hosen aus oliv-grüner Seide für nur dreißig Dollar. Ein handgestrickter marineblauer Pullover (die sammle ich) von Whistles, mit dreihundertfünfzig Dollar unsittlich teuer, aber auf hundertzehn Dollar heruntergesetzt. Ein schickes T-Shirt von Ghost für vierzig Mäuse (wenn meine Um-rechnung Pfund – Dollar stimmte). Schweigen wir lieber von meinen früheren Kaufräuschen (meistens während des Schlußverkaufs) im Bal Harbour in Miami, und dann das ganze Zeugs von The Gap und aus den Katalogen.

Liebe Leserin, es geschah wieder und wieder. In Lon-don wurde ich also ein weiteres Mal schwach. Und schleppte alles ins Hotel. Da lag ich nun erschöpft auf meinem schmalen Hotelzimmerbett (was finden diese Engländer nur an ihren Einzelbetten?) und gab den Kampf mit den Koffern schon verloren – keiner würde sich mehr schließen lassen. Und wenn ich wieder in New York war, würden die Schranktüren nicht mehr zugehen – und das bei vier Kleiderschränken einschließlich zweier begehbarer.

So kam alles zusammen – meine Recherchen, mein Einkauf und meine Kleiderschränke – und zwang mich, dem Chaos, das ich angerichtet hatte, ins Gesicht zu sehen. Mit Amys erleuchtenden Lektionen, die mir wie ein Leitstern den Weg wiesen (und Andrée Putmans Stimme im Ohr), fand ich einige wichtige Wahrheiten bezüglich meiner Garderobe heraus. Und so beschloß ich ein für allemal, daß ich mehr als genug hatte: Jetzt würde ich in meinem Kleiderschrank «einkaufen gehen» und dort etwas über mich selbst herausfinden. Die Aufgabe, die ich vor mir sah, war kaum weniger einschüchternd, als den Stall des Augias auszumisten. Aber ich nahm sie in Angriff, und auch Sie können es schaffen.

Hier sind sieben einfache (aber keineswegs leichte) Schritte, mit denen auch Sie sich zielsicher auf guten, klaren Stil zubewegen können.

1. Probieren Sie alles an, was Sie besitzen.
2. Entscheiden Sie sich für einen Stil.
3. Befassen Sie sich mit den «tragischen» Fällen.
4. Gehen Sie die Kleider aus dem «guten» Stapel noch einmal durch.
5. Betrachten Sie Ihr Werk.
6. Lernen Sie die Zen-Philosophie der Mode.
7. Tragen Sie die Sachen zur Probe einen Monat lang.

1. Probieren Sie alles an, was Sie besitzen

Der erste Schritt ist, wie immer, der wichtigste. Und der schwerste. Die meisten Frauen – diejenigen von uns, die nicht wie Amy einen todsicheren Instinkt für stilvolle Kleidung besitzen – versuchen ihr Leben lang, ihren Stil zu entwickeln, ohne je wirklich Erfolg zu haben. *Doch jetzt wird es Ihnen gelingen.* Es wird vielleicht nicht Ihr einziger Stil bleiben, nicht Ihr endgültiger Look sein. Aber Sie werden sich für einen entscheiden und ihm eine Weile treu bleiben.

Ich probierte also ungefähr alles, was ich besaß. Mein Gott, war das anstrengend! Aber tun Sie es. Es ist der Schlüssel zu allem anderen. Was für ein Aufwand! (Sollten Sie noch irgendeinen Grund brauchen, sich zur Einfachheit zu bekehren, dann sollte das eigentlich genügen.) Ich hatte einen ganzen Vormittag dafür reserviert und war zur Mittagszeit noch immer nicht fertig (und ich stehe *sehr* früh auf!).

Sie arbeiten sich also durch den Alptraum Ihres Kleiderschranks hindurch, und nun *machen Sie zwei Stapel – den guten und den schlechten.* Was mir an mir gefiel, legte ich auf den einen Stapel; was mir nicht gefiel, auf den anderen. (Machen Sie sich über den Stapel mit Aussortiertem im Moment keine Gedanken. Auf den kommen wir noch zurück.) Als ich fertig war, aß ich zu Mittag und genehmigte mir einen Drink. Den hatte ich nötig. Als ich wieder zu Kräften gekommen war, machte ich mich von neuem an die Arbeit und probierte nochmals alles an, was ich auf den «guten» Stapel gelegt hatte. Jetzt sind Entscheidungen verlangt, hier geht es ums Ganze. Belassen Sie in diesem Stapel nur Kleider, die Sie wirklich mögen und tragen *können* und *wollen.*

Ich weiß, das ist der Punkt, wo einem die Hamsterbacken flattern. «Was?» schreien Sie. «Meinen fantastischen Giorgio-San-Angelo-Bodysuit entsorgen, den ich 1977 zu einem Viertel des ursprünglichen Preises ergattert habe?» Also, auch mir ging der Atem schneller, als ich an dieser Stelle angelangt war. Aber habe ich denn gesagt, Sie sollten sich endgültig von den Sachen trennen? Nein! Machen Sie jetzt einfach nur einen Stapel mit den Sachen, die Sie aussortiert haben. Ich verspreche Ihnen, Sie brauchen ihn nicht wegzuschmeißen. Nehmen Sie einfach ein paar Kartons (wahrscheinlich eine ganze Menge Kartons) und legen Sie die Sachen für die nächste Zeit dort hinein.

2. Entscheiden Sie sich für einen Stil

Sie haben Ihre Sachen also vorläufig durchsortiert. Prima. Aber wie anstrengend das auch war, das ist nicht der schwierige Teil. Jetzt müssen Sie sich klarmachen, was Sie aus dieser Erfahrung gelernt haben.

Glauben Sie mir, es war nicht leicht für mich, und was an Ihnen gut aussieht, weiß ich schon gar nicht (Amy allerdings wüßte es vermutlich). Wenn Sie keinerlei Ahnung haben, was Ihnen steht, worin Sie sich wohl fühlen und was in Ihr Leben paßt, brauchen Sie vielleicht professionelle Beratung (mehr darüber später). Ich behaupte jedoch, daß die meisten von uns dies eigentlich wissen, daß wir es aber vergessen oder nicht darüber nachdenken oder uns beim Kleiderkaufen in Versuchung führen lassen. Bei den meisten von uns geht es nicht um Geld oder Geschmack. Es ist mehr eine Frage der Konzentration auf das Wesentliche. Betrachten Sie sich also einmal ausgiebig und mit nüchternem Blick. Denken Sie an Diana Vreelands Ratschlag: «Sie müssen über sich selbst nachdenken und nicht darüber, wie die anderen sich anziehen.»

Robert Burns hat es eine Gabe genannt, die nur die Götter uns verleihen können: die Fähigkeit, sich selbst so zu sehen, wie die anderen einen sehen. Na ja, ich habe den heimlichen Verdacht, daß der gute alte Mr. Burns nicht die Mode im Sinn hatte, als er diese berühmten Zeilen schrieb. Aber gute Dichtung ist wie gute Kleidungsberatung, immer universell anwendbar, stimmt's?

Halten Sie also am Stapel mit den guten Sachen fest, um ihn gleich nochmals einer Prüfung zu unterziehen. Doch zuerst ...

3. Befassen Sie sich mit den «tragischen» Fällen

Diesem furchteinflößenden Haufen mit den aussortierten Sachen müssen Sie sich noch einmal zuwenden. Vielleicht denken Sie, dort seien noch Schätze zu finden.

Vielleicht sollten Sie alles aufheben. Nun gut, aber erst müssen Sie die folgenden Punkte durchgehen:

Nehmen Sie Abschied von den wirklichen Fehlgriffen
Es ist mir peinlich, einzugestehen, daß an ein paar Sachen noch das Preisschild hing. Sie haben gutes Geld gekostet, und ich habe sie nie getragen. Wenn das sogar Amy passiert, dann passiert es uns allen. Seien Sie also tapfer. Gestehen Sie sich Ihre schlimmsten Fehlkäufe ein. Und versuchen Sie, in Ihren Irrtümern ein Muster zu erkennen. Nur Mut. Denken Sie an die Worte von George Santayana: «Wer aus der Geschichte nicht lernt, ist dazu verurteilt, sie zu wiederholen.»

Weg mit den Sachen, die nicht passen
«Es ist hübsch, aber es hat schon immer unter den Armen gekniffen.» Weg damit! «Ich kriege es an der Taille nicht zu, aber ich kann ja etwas darüber tragen.» Weg damit! «Es ist schön, aber ich muß immer den Ausschnitt enger stecken, sonst fällt die Brust raus.» Adieu! Und zum Schluß diese schrecklich bittere, schmerzliche Kategorie: «Früher habe ich einmal in Größe vierunddreißig gepaßt. Vielleicht komme ich da ja wieder hin.» Ach! Könnten wir doch alle wie Amy sein, die seit ihrem fünfzehnten Lebensjahr dieselbe Kleidergröße trägt. Na ja, nichts zu machen. Weg damit. Sollten Sie je wieder bei Größe vierunddreißig anlangen (ein schöner Traum!), dürfen Sie sich gerne in eine Einkaufsorgie stürzen.

Weg mit den Kostümstücken
Wie Marcel Proust schreibt: «Nur sehr wenige Frauen
können altmodische Kleider tragen, denen ein Hauch von
Theater oder von Kostümball anhaftet.» Wenn Sie nicht
definitiv zu dem Entschluß gekommen sind, daß eine
solche Kostümierung genau Ihr Stil ist, nehmen Sie Abschied von den Teilen, die aussehen, als wären sie für
einen Hollywood-Film gedacht. Ich mußte mich von zwei
viktorianisch wirkenden weißen Laura-Ashley-Kleidern
trennen (ich bin keine sechzehn mehr – und wiege auch
nicht fünfzig Kilo!), von einem bodenlangen Hexenkleid
aus schwarzem Stretch von Betsey Johnson (Halloween ist
nur einmal im Jahr), von einer Señorita-Krinoline (sehr
hübsch, aber ich habe keinerlei Ähnlichkeit mit Carmen
Miranda), ebenso von einer antiken japanischen Kimono-
jacke und einem indischen Fransenschal. (Nun war auch
Amy inspiriert und schenkte einem Museum einige in die
Jahre gekommene Modelle der Haute Couture, in denen
sie aussah wie einem Modefoto der fünfziger Jahre entsprungen.) Wie kommt es, daß all dieser Kram sich
anhäuft? Es ist einfach so, daß jedes dieser Stücke für sich
einen gewissen Charme hat. Aber lassen Sie sich in einen
tragbaren, einfachen Kleidungsstil integrieren? *«Non,
non»*, wie Marcel Proust vielleicht sagen würde.

Die Erinnerung an Mimi half mir: Sie war ein echter
Charaktertyp – und zwar jeden Tag ein anderer. An
einem Tag war sie ein englisches Schulmädchen, am
nächsten eine Motorradbraut, am darauffolgenden eine
Südstaatenschönheit mit Petticoats. Es war interessant,

aber es war ein Fulltime-Job, und es überrascht nicht, daß keiner in unserem Büro sie ernst nahm. Ganz zu schweigen davon, daß sie für ihre Requisiten und Accessoires ihre ganze Wohnung in eine Kleiderkammer verwandeln mußte. Unnötig zu sagen, daß Mimi keine Zeit für einen richtigen Beruf hatte. (Sie jobbte aushilfsweise bei uns.) Wenn Sie nicht wie Mimi sein wollen, packen Sie Ihre Kostümstücke in einen Karton.

Trennen Sie sich von den Stücken mit Erinnerungswert
Ja doch, Sie haben es in jener Nacht getragen, als er Ihnen einen Heiratsantrag machte. Aber die Ehe ist gescheitert, das Kleid hat Ihnen nie gestanden, es paßt nicht mehr, und es ist noch immer da, obwohl er schon längst weg ist! Trennen Sie sich von dem Kleid, das Sie beim College-Ball anhatten, von dem T-Shirt, mit dem Sie immer im Ferienlager geschlafen haben, dem Pullover Ihrer Studentinnenverbindung. «Ist das hier ein Kleiderschrank oder ein Tagebuch?» fragte ich mich. Heben Sie diese Andenken separat auf, wenn es denn sein muß. Betrachten Sie sie als Andenken, nicht als Kleider. Vielleicht beschließen Sie, sie für immer aufzubewahren, aber jetzt heißt es erst einmal: raus mit ihnen aus Ihrem Kleiderschrank und in einen Karton.

Befreien Sie sich von den teuren Stücken, die einfach nicht zu Ihnen passen
Und wenn er von Versace ist und der teuerste Rock, den Sie je gekauft haben – Sie sehen darin wie ein Nilpferd

aus, packen Sie ihn also weg. Irgendwie verleitet das Preisschildchen uns oft zu dem Gedanken, wir *sollten* etwas tragen, auch wenn es scheußlich aussieht. Meine liebsten Hosen auf der ganzen Welt waren die für neunundvierzig Dollar von The Gap. Sie sind genau richtig, schick und bequem, und die Designerversion für den vierfachen Preis hat nie richtig gesessen. (Amy hat sich einiger teurer italienischer Designer-T-Shirts mit häßlichem V-Kragen entledigt und trägt seitdem Hanes Boys' T-Shirts von Woolworth.)

Okay. Als ich mit allem durch war, war mir zugegebenermaßen etwas schwindelig. Ich hatte sechs Kartons vollgepackt...

Nehmen Sie Ihre Kartons und lagern Sie sie außer Sichtweite. Sollten Sie sich zittrig und verunsichert fühlen – wie eine Drogensüchtige auf Entzug –, sagen Sie sich immer wieder: «Ich habe immer noch alle meine Kleider – sie sind nur nicht mehr alle in meinem Kleiderschrank.»

4. Gehen Sie die Kleider aus dem «guten» Stapel noch einmal durch

Das Ziel ist jetzt, die guten Sachen miteinander zu kombinieren. Ich entschied mich für eine bestimmte Art von Kombination, die mir am besten stand: Blazer, Bluse und schmal geschnittene Hose. Wie kam ich zu dieser Entscheidung?

Dies mag als Hilfe dienen: Von jedem Teil besaß ich bereits sechs Ausführungen. Was kaufen und tragen denn *Sie* immer wieder?

Wie ich werden Sie wahrscheinlich feststellen, daß nicht alle schmal geschnittenen Hosen gleich gut sitzen. Beim vierten Schritt geht es um eine erneute Auswahl. Und ehrlich gesagt, es gab wirklich noch andere Sachen, die mir gefielen. Also ging ich den Stapel noch einmal durch und begann eine neue Runde des Aussortierens. Es geht darum, eine persönliche «Uniform» zu finden.

Falls Ihnen dies schwerfällt (meine Freundin Janet rief mich deswegen in Tränen aufgelöst an), folgen hier einige Kriterien, an die Sie sich halten können:

Sortieren Sie Kleider aus, die Sie noch immer mögen, die aber nicht zu den anderen Sachen passen
Wer weiß? Vielleicht kommen Sie später zu dem Entschluß, daß elegante Strickkostüme doch nicht die Grundlage Ihrer Garderobe bilden sollten, doch im Moment sind Sie ziemlich sicher, daß die Cowboystiefel auf keinen Fall dazu passen. Packen Sie die also in einen Karton.

Raus mit den Sachen, die ausgebessert werden müssen
Da gab es eine ganze Kategorie, die ich nicht trug, weil ich einen unersetzbaren Knopf verloren hatte, ein Reißverschluß kaputt war, hinten ein Saum sich löste, die Jackentaschen zerrissen waren, eine Naht offen war oder

das Kleidungsstück enger / weiter gemacht oder ein Saum eingenäht / ausgelassen werden mußte.

Manche, so muß ich zu meiner Schande gestehen, hingen schon sehr lange so da (ein halbes Jahrzehnt etwa der chanelähnliche Sweater abzüglich eines chanelähnlichen Knopfes). Doch manche Kleider liebte ich, obwohl sie nicht in Ordnung waren, und betrachtete sie als Teil meiner Basisgarderobe. Also besserte ich sie aus (siehe Kapitel 13).

Die Sache ist nämlich die: Solange man zwanzig unterschiedliche Hosen hat, eilt es nicht mit dem kaputten Reißverschluß in der einen. Sobald man sich jedoch mit sechs begnügt, eilt es schon. Und damit bleibt mir auch die schreckliche Erfahrung erspart, daß ich mit dem Anziehen fertig bin – und dann plötzlich feststelle, daß meine Hose an einer Stelle kaputt ist, so daß ich wieder ganz von vorn anfangen muß.

Stellen Sie Outfits zusammen
Kombinieren Sie die Einzelteile: Welche Bluse paßt am besten zu welcher wadenlangen Hose? Und wenn Sie feststellen, daß Sie einen Rock oder eine Hose haben, zu denen kein Oberteil paßt, oder ein Kleid, dem eine Jacke fehlt, dann hängen Sie die Sachen beiseite. Entweder müssen Sie etwas besorgen, was dazu paßt, oder die Sachen aussortieren. Widmen Sie sich dann dem Rest Ihres Kleiderschrankes.

Apropos Kleiderschrank: Treten Sie einen Schritt zurück und schauen Sie sich das Schätzchen nun mal an.

5. Betrachten Sie Ihr Werk

O Gott! Sie haben ja gar nichts mehr anzuziehen!? An diesem Punkt sind die unsterblichen Worte Coco Chanels eine gute Hilfe: «Einfachheit ist nicht dasselbe wie Armut.» Amy sagt, wenn man seinen Kleiderschrank öffnet, soll man sich so fühlen, wie wenn man zu einer wirklich guten Party kommt und nur Leute sieht, die man kennt und mag. Doch wenn Sie Ähnlichkeit mit mir haben, werden Sie beim Blick in Ihren neuen, reduzierten Kleiderschrank Panik in sich aufkommen spüren. Im Schrank sollte nun höchstens die Hälfte von vorher hängen. Doch jetzt ist der Inhalt nach Kombinationen geordnet. Nach vollständigen Einheiten. Leicht zu überblicken und leicht zu handhaben. Ich kann mich in sieben Minuten anziehen. Und alles, was ich dann trage, *mag* ich. Ich brauche nur noch die halbe Zeit zum Anziehen und sehe dabei doppelt so gut aus. Aber:

Werfen oder schenken Sie noch nichts weg
Wer weiß? Vielleicht haben Sie einen Fehler gemacht. Heben Sie die Sachen auf. Warten Sie ab. Wenn Sie bei Kapitel 4, 5 und 6 angelangt sind, wollen oder müssen Sie die Prozedur vielleicht wiederholen.

Und wenn Sie bei einigen Ihrer verbleibenden Kleider noch immer nagende Zweifel haben, dann lassen Sie sie doch einmal von einer Freundin probetragen, damit Sie sie aus einem etwas objektiveren Blickwinkel betrachten können. Mit dieser Methode entdeckte Amy, daß einige ihrer Kleider, die für sie *fast* richtig waren, perfekt waren für ihre Freundin Miriam, die die gleiche Kleidergröße trägt und einen ähnlichen (aber nicht identischen) Stil hat. «Das ist mehr als einmal passiert», erzählt Amy. «Was in mein Kleidersortiment fast, aber nicht ganz hineinpaßt, ist bei meiner besten Freundin ein Volltreffer. Inzwischen tauschen Miriam, ihre Schwester Vivian und ich untereinander Kleidungsstücke aus.»

Ordnen Sie das, was Sie haben, richtig ein
Wie das geht, wissen Sie schon: hier die Hosen, da die Blusen und dort die Röcke. Richtig? *Falsch!* So etwas wollen Ihnen höchstens die Kleiderschrankverkäufer einreden. Obwohl Amerika das Land der aufeinander abgestimmten Einzelstücke und Zweiteiler ist, habe ich festgestellt, daß diese Teile sich häufig nicht kombinieren lassen, sondern separate Einzelstücke bleiben. Nicht alle beigen Blusen passen zu allen grauen Röcken. Versuchen Sie also, fertige Outfits zusammenzustellen: Bluse, Hose, Gürtel, Tuch und Jacke. Alles zusammen. Griffbereit, so daß man es von einem Moment auf den anderen anziehen kann. Zugegeben, Sie verlieren dadurch etwas an Flexibilität, doch wenn Sie Ihre Hausaufgaben gemacht haben, dann gewinnen Sie dafür das Bestmögliche an Stil und Aussehen. (Und falls das Basisstück Ihrer «Uniform» ein Kleid ist, sind Sie uns anderen um Längen voraus.)

Wo bin nun *ich* schließlich gelandet? Bitte betrachten Sie dies auf gar keinen Fall als Richtlinie für Sie selbst. Vergessen Sie nicht, ich bin eine kinderlose Autorin in den Vierzigern, die achtzig Prozent ihres Lebens zu Hause verbringt und zwanzig Prozent in Gesellschaft von Verlegern oder auf Lesereisen. Meine Liste ist nur dafür gedacht. Es ist die meine. Die folgenden Sachen sind also in meinem entschlackten Kleiderschrank zu finden:

Ich beschloß, auf Reisen schwarze oder dunkle Hosen aus unterschiedlichem Material zu tragen. Ich habe Seidenhosen, Wollhosen, eine Hose mit dezenten Längsstreifen und Stretchhosen von The Gap, die wie angegossen sitzen. Für formelle Anlässe habe ich gerade geschnittene Röcke und einen Faltenrock.

Meine Blusen sind weiß, beige oder taupe und zum größten Teil aus Seide. Okay, ich gebe es zu: Ich bin eine Seidenblusenfetischistin. Sperren Sie mich dafür ein! Aber das ist eben *meine* «Uniform» – man kann die Blusen nur einmal tragen, dann müssen sie gewaschen oder gereinigt werden. Es sind nur zwei gemusterte Blusen darunter, die zu fast allen Hosen passen; als Alternative zu den einfarbigen Blusen habe ich sie je einer Kombination zugeordnet.

Ich habe eine Vorliebe für lange Blazer (sie kaschieren die Hüften), und ich habe mich für neutrale Farben entschieden. Was meine handgestrickten Pullover angeht, die konnte ich doch nicht *alle* aufgeben, oder? Die trage ich, wenn ein Blazer zu formell wäre.

Jetzt haben Sie eine Vorstellung davon, wieviel Kleider ich hatte, bevor ich mich um Einfachheit bemühte. Ich denke, weniger würde es auch tun, aber bisher vermisse ich nichts. Und noch mal: Nehmen Sie sich meine Garderobe nicht zum Vorbild. Hier geht es nicht ums Kopieren, sondern darum, etwas Eigenes zu entwickeln.

6. Lernen Sie die Zen-Philosophie der Mode

Das ist der wirklich wichtige Teil. Denken Sie an die Worte von Diana Vreeland: «Eleganz ist Verweigerung.» Wenn Sie sich das nicht klarmachen, sind Sie dazu verurteilt, den gleichen Kreislauf ewig zu wiederholen, wie im Rausch durch Kaufhäuser zu laufen, Ihre Kleiderschränke wieder aufzufüllen – eine Sklavin der «Mode-Raffkes», auf immer im Fegefeuer der Trends verloren, von einer Wiedergeburt zur nächsten. Schaue ich beim Einkaufen immer noch nach dem heruntergesetzten limonengrünen Jackett aus Rohseide mit den gepunkteten Schleifen? Oder nach dem Swinger aus orangefarbenem Veloursleder? Ich gebe zu, sehnsuchtsvoll verweile ich bei ihnen – und dann lasse ich sie hängen! Ich ziehe mich wirklich anders an und kaufe wirklich anders ein.

Bob Mackie hat das gut in Worte gefaßt: «Zu viele Frauen gehorchen der Mode. Sie tun besser daran, wenn Sie bei einem Stil bleiben und jedes Jahr nur ein oder zwei Teile hinzufügen.»

Schauen Sie also in den Spiegel und wiederholen Sie Ihr erstes Mode-Mantra:

Mode-Mantra 1:
Ich möchte Stil haben. Damit mir das gelingt, muß ich auf Einfachheit achten!

Lady Di konnte zu jeder Gelegenheit die genau passende Garderobe tragen, aber sie hatte auch ein (nahezu) unbegrenztes Budget zur Verfügung, und drei Leute waren nur dazu da, ihre Kleider zu reinigen, zu bügeln, richtig zu ordnen und aufzuhängen. Und außerdem war es eben ihr Job, zwölfmal täglich die Kleidung zu wechseln!

Holen Sie also jetzt tief Luft und sagen Sie Ihr zweites, drittes und viertes Mantra auf:

Mode-Mantra 2:
Ein voller Kleiderschrank bedeutet nicht, daß ich Stil habe!

Mode-Mantra 3:
Ständig Kleider zu kaufen bedeutet nicht, daß ich Stil habe!

Mode-Mantra 4:
Wenn ich jede Saison (oder jeden Monat, jede Woche, jeden Tag) mein Aussehen verändere, bedeutet das nicht, daß ich Stil habe!

Wiederholen Sie diese Mantras fünfundzwanzigtausendmal – wenn Sie beim Zahnarzt eine Modezeitschrift durchblättern, wenn Sie an Schaufenstern vorbeigehen und während Sie mit dem Aussortieren weitermachen.

7. Tragen Sie die Sachen zur Probe einen Monat lang

Mit meiner neuen, reduzierten Garderobe, die nur noch aus meinen Lieblingssachen bestand, fiel es mir gleich leichter, mich anzuziehen, und es machte mehr Spaß. In der Vergangenheit hatte ich, wie bereits erwähnt, mit der Auswahl eines Rocks oder eines Kleides oder einer Hose begonnen. Dann geriet ich in Verwirrung, wenn ich nach einer passenden Bluse, einer passenden Jacke oder einem passenden Pullover fahndete. Jetzt nehme ich einfach eine komplette Kombination aus dem Schrank. Und dadurch habe ich verschwenderisch viel Zeit, mir über ein paar raffinierte Details Gedanken zu machen. Ein schwarzer, mit Steinen besetzter Gürtel und passende Socken. Oder eine Halskette mit Klunkern, und unten glitzern ein Paar Lurex-Strümpfe. Ich sehe gut aus. Ehrlich!

Mein Entschluß, *mit Gefühl* einen eigenen Stil zu finden, liegt nun sieben Monate zurück. Ich brauche weniger Zeit zum Anziehen und sehe, glaube ich, auch schicker aus. Im wesentlichen gelingt es mir, die erforderliche Disziplin aufzubringen, von ein paar Ausrutschern und Korrekturen einmal abgesehen. Meine Schwester hat mich kürzlich sogar gefragt: «Du siehst in letzter Zeit so gut aus. Hast du abgenommen?»

Bingo!

SELBSTERKENNTNIS

oder

**Spieglein, Spieglein
an der Wand**

Erkenne dich selbst –
dann erschaffe dich selbst.

Mary McFadden

Sich selbst zu sehen ist ebenso schwierig,
wie nach hinten zu schauen,
ohne sich umzudrehen.

Henry David Thoreau

Schön, Sie haben also Ihren Kleiderschrank auf Vordermann gebracht und fühlen sich jetzt besser, aber woher sollen Sie nun wissen, ob Sie sich auch tatsächlich für den Typ entschieden haben, der Sie sind? Ich hatte Glück. Mir hat Amy geholfen. Aber wie machen Sie das? Mit den Worten von Teilhard de Chardin: «Das ganze Leben liegt in dem Verb *sehen*.» Sich wirklich anzuschauen ist eine schwer zu erlernende Fähigkeit. Die meisten von uns neigen dazu, entweder zu selbstkritisch zu sein oder die «Problemzonen» zu übersehen, mit denen wir uns beschäftigen sollten. Beides ist fatal. Darum wollen wir hier das Geheimnis der Entdeckungsreise zu Schick und Stil mit Ihnen teilen: Es führt vor den Spiegel.

Goethe schreibt, das Denken sei interessanter als das Wissen, doch weniger interessant als das Schauen. In diesem Kapitel geht es nur ums Schauen und ums Sehenlernen. Können Sie sich vorstellen, daß Spiegel erst seit dem siebzehnten Jahrhundert allgemeine Verbreitung fanden? (Wünschen Sie sich jetzt, eine Zeitreise in eine spiegelfreie Welt machen zu können? Dann haben Sie dieses Kapitel hier wirklich nötig.) Man kann seinem Spiegelbild nicht ausweichen. Selbst der schöne Narziß der griechischen Mythologie hat einen See gefunden, in dem er sein Spiegelbild sehen konnte, worauf er sich in sich selbst verliebte. (Unglücklicherweise wandeln eine ganze Reihe von diesen Narzißtypen noch immer unter den Lebenden. Ich glaube, ich habe sogar gestern abend einen gesehen, im Bistro um die Ecke, wo er sein Mädchen mit Mißachtung strafte und sich statt dessen im Spiegel schönmachte.) Wir reden hier nicht leerer Eitelkeit das Wort, sondern einer realistischen Wahrnehmung unserer selbst. Sie wissen ja, selbst wenn Spiegel gesetzlich verboten würden, könnten Sie Ihrem Spiegelbild doch nicht entgehen. Sie finden es in dem Eindruck, den Sie auf andere Menschen machen, von vollkommen Fremden bis zu unvollkommenen Ehemännern. Und wie der italienische Designer Gianni Versace richtig erkannt hat: «Auch heute noch zeigt eine Frau sich gerne her, sowohl um sich selbst zu gefallen als auch einem Mann.»

Wir sollten für die technischen Wunderdinge der modernen Welt, die uns den Blick auf uns selbst so leicht machen, dankbar sein: Spiegel, Fotoapparate und Videokameras. Denn mit diesen Hilfsmitteln werden wir lernen, uns selbst nüchtern und objektiv einzuschätzen, damit wir nie wieder einen Fotoapparat oder einen Spiegel – oder den Blick eines anderen – fürchten müssen.

Spiegel

Betrachten Sie Ihren Spiegel nicht als Ihren Feind, sondern als Ihren stärksten Verbündeten. Er hat Eigenschaften, an denen es vielleicht sogar Ihrer besten Freundin mangelt. Er sagt Ihnen nie, Sie sähen gut aus, wenn das nicht stimmt, und er wird auch nie aus Neid behaupten, Sie sähen schlecht aus (oder «müde», wie es euphemistisch heißt), wenn es nicht wahr ist. Warum weiß Amys Tochter Flora, gerade einmal ein Jahr alt, instinktiv, daß der Spiegel ihr Freund ist, wir erwachsenen Frauen aber nicht? Wenn Flora ihr Spiegelbild sieht, lacht sie es an und streichelt das Glas vor Vergnügen – manchmal küßt sie es sogar! Waren wir nicht alle einmal so? Was ist da passiert? Uns kommt die Vermutung, daß wir seit jener Zeit irgendwann ein Ideal entwickelt haben, dem wir nacheifern – beeinflußt von Filmen, Werbung, Jungs, Eltern usw. –, und daß dieses Ideal meistens nicht mit dem übereinstimmt, was uns aus dem Spiegel entgegenblickt.

Wir wollen, daß Sie lernen, sich selbst zu beurteilen, und dabei folgendes erreichen: Entweder Sie trennen sich von dem alten, kontraproduktiven Ideal und ersetzen es durch ein neues; oder Sie erfüllen dieses Ideal (bzw. ein realistisches Abbild desselben); oder Sie akzeptieren sich genau so, wie Sie sind, und fühlen sich mit diesem Bild wohl und zufrieden. Es ist zwar schwierig, aber notwendig, einen dieser Zustände zu erreichen, denn andernfalls sind Sie (und wir) zu ewiger Unzufriedenheit verdammt. Am Anfang steht die Selbstbeurteilung.

Der erste wichtige Schritt zur Selbstbeurteilung ist das dauerhafte Anbringen ausreichend großer Spiegel in Ihrem Haus, in denen Sie sich von vorne, von der Seite und von hinten vollständig betrachten können. Dies dürfte der wichtigste von allen in diesem Buch gemachten Vorschlägen sein.

Wir sind keine Papierpuppen, die nur aus einer Vorderseite bestehen (selbst wenn wir es gerne wären!). Machen Sie die Augen zu und stellen Sie sich einen Moment lang Ihre Mutter, Ihr Kind oder sonst jemanden vor, den Sie häufig vor sich haben. Sie haben sie garantiert nicht frontal mit steif an der Seite herabfallenden Armen gesehen, sondern in Bewegung und mehr oder weniger von der Seite. Nun, im Guten wie im Schlechten, genau so sieht auch der Rest der Welt Sie vor sich. Kleider sollten in Bewegung sein, ein fließender Teil des dreidimensionalen Bildes. Yves Saint Laurent: «Ich beobachte gern, wie ein Model sich in meinen Kleidern bewegt, die Art, wie es sie zum Leben erweckt, oder, wenn sie falsch sind, totgeboren, die Art, wie seine Lebendigkeit die Kleider zurückweist.»

Wenn sie eine Frau sehen, die für ihr Alter, ihre Figur oder den betreffenden Anlaß unpassend gekleidet ist, machen alle Modedesigner, die Amy kennt, dieselbe Bemerkung: «Hat sie denn nicht in den Spiegel geschaut, bevor sie aus dem Haus gegangen ist?» Ähnlich stichelt Graydon Carter, der elegante Herausgeber der Zeitschrift *Vanity Fair*: «Wenn manche Leute sich einmal *richtig* in einem zweiflügligen Spiegel betrachten würden, sähe man viel weniger Stretch auf der Straße.»

Sonia Rykiel fügt hinzu, ihr wichtigster Rat in Sachen Stil für jede Frau sei, «ein, zwei, vier Stunden, einen, zwei, fünfzehn Tage, einen Monat vor dem Spiegel zu verbringen, um sich Gewißheit zu verschaffen, was ihr steht und was nicht».

Also, damit wollen wir Ihnen keine Angst einjagen oder den Eindruck bei Ihnen erwecken, Sie sollten sich so anziehen, daß es Modefans oder Zeitschriftenherausgebern gefällt. Wir verlangen nur von Ihnen, daß Sie sich vorbehaltlos betrachten und dann entscheiden, wie Sie gesehen werden wollen. Sie müssen nicht jedem gefallen, aber es sollte Ihnen bewußt sein, wie Sie aussehen und welches Bild Sie anderen bieten. Dann erst können Sie entscheiden, wie Sie sich selbst darstellen wollen. Mit den Worten von Bill Blass: «Gehorchen Sie Ihrem eigenen Instinkt, nicht Freunden oder Büchern.» (Außer natürlich dem unseren!)

Haben Sie also Mut! Stellen Sie sich im Gymnastiktrikot oder Body vor Ihren zweiflügligen Spiegel, in Slip und BH oder – wenn Sie sich trauen – nackt. (Bedenken Sie das alte französische Sprichwort: «Wo Frauen sich oft ausziehen, ziehen sie sich gut an.»)

Nun betrachten Sie sich als Ganzes, nicht nur die Einzelheiten. Richtig, Frauen werden von der Gesellschaft nach objektiven Kriterien beurteilt, und sie selbst tun es auch, aber vergessen Sie nicht, wie viele verschiedene Teile dieses «Objekt» – Sie selbst – hat. Wenn eine Künstlerin Sie in voller Lebensgröße porträtieren würde, meinen Sie, sie würde nur Ihre Brüste anschauen, Ihre Taille, Ihre Hüften, Ihr Gesicht und Ihr Haar? Nein, natürlich nicht – sie würde auch alles darum herum genau betrachten (Ihre Fußknöchel, Ihre Finger, Ihre Schultern, die Form Ihrer Ohrläppchen). Warum sollten Sie sich also auf die Summe einiger Aspekte reduzieren?

Beinahe jede Frau, die wir kennen – egal, welche Figur sie hat, welches Gewicht und welches Alter –, findet ihre Oberschenkel gräßlich und hält ihren Busen entweder für zu groß oder für zu klein. Vergessen Sie diese Kategorien und sehen Sie das Ganze. Ihre «Maße» sind keine aus drei Summanden errechnete Zahl – das weiß jeder Schneider. Was schadet es da schon, wenn der Organisator eines Schönheitswettbewerbs es nicht weiß!

Vergessen Sie auch nicht: Keine Frau ist überall durchweg vollkommen oder durchweg unvollkommen. Ich war sehr traurig, als ich in Gloria Steinems Memoiren las, der *einzige* Körperteil, der ihr an sich selbst gefallen habe, seien ihre Hände gewesen. Die sind wirklich schön, aber so vieles andere auch.

Konzentrieren Sie sich also nicht nur auf das, was sofort ins Auge springt – die Körperteile, mit denen wir typischerweise unglücklich sind – wie Oberschenkel, Brüste und Po. Sehen Sie das *ganze* Bild.

Denken Sie auch daran, daß eine gute Körperhaltung Ihre ganze Erscheinung attraktiver machen kann. Sie wären erstaunt, wie viele «Mängel» fast verschwinden, wenn Sie sich wie eine Tänzerin hinstellen, mit vorgewölbter Brust, erhobenem Kopf und geradem Rücken. Es verleiht Ihnen zumindest den Anschein von Selbstvertrauen und Gelassenheit – ganz zu schweigen davon, daß Ihre Kleider einfach besser fallen.

Um Ihnen zu helfen, Ihr ganzes Selbst einschließlich der vernachlässigten Körperteile zu entdecken, die ja in der Tat Pluspunkte sein könnten, und um Ihnen zu helfen, sich auf eine neue, aufgeklärtere Weise zu sehen, haben wir eine Tabelle zur Selbsteinschätzung entworfen (siehe Seite 83/84). Stellen Sie sich vor den Spiegel und stufen Sie die aufgelisteten Körperteile selbst ein. Lernen Sie dann, mit Ihren Kleidern die Stellen zu betonen, die Ihnen gefallen. Und verhüllen oder überspielen Sie einfach die ungeliebten Stellen. Dazu sind Kleider ja da!

Nun stellen Sie sich selbst die folgenden Fragen:

Gefällt Ihnen alles, was Sie sehen?
(Falls die Antwort ein schmetterndes «Ja» ist, haben Sie vielleicht das falsche Buch gekauft. Sie können alles tragen!) Wenn die Antwort «Nein» lautet, machen Sie folgendermaßen weiter:

Was gefällt Ihnen am besten?
(Ihr langer Hals, Ihre wohlgeformten Waden, Ihr volles Dekolleté, Ihre Größe usw.) Das sind Ihre starken Punkte, die Sie mit Ihrer Kleidung betonen wollen. Und Sie haben ganz bestimmt einige. Konzentrieren Sie sich auf das Positive!

Was gefällt Ihnen am wenigsten?
(Ihr kurzer Hals, Ihre dicken Waden, Ihr knochiges Dekolleté, Ihre Größe usw.) Das sind keine Tragödien; es sind einfach Bereiche, die Sie mit Ihren Kleidern verdecken oder überspielen wollen.

Moment, Sie sind noch nicht fertig! Es ist eine schmerz-liche Operation, aber Sie würden sich doch auch einen vierfachen Bypass legen lassen, um Ihr Herz zu retten, oder? Das hier ist nur geringfügig schmerzhafter, und hey, wenigstens schaut Ihnen keiner dabei zu.

Sie brauchen nicht Amys Modeverstand, um auf die Idee zu kommen, daß Sie das Positive betonen und das Negative verändern, überspielen oder übergehen sollten. (Und ich hoffe doch, daß sich nicht all Ihre Kreuzchen in der mittleren Spalte befinden. Wenn Sie sich selbst so sehr verabscheuen, brauchen Sie mehr als Kleidungsbera-tung.) Hier ist es wichtig, an eine weise Einsicht Sonia Rykiels zu denken: Sie erklärte uns, das einzige, was einer Frau wirklich abträglich sei und sie unansehnlich mache, sei, «wenn sie sich beim Blick in den Spiegel nicht selbst bewundert». Jetzt kennen Sie Ihr Ziel.

Amy und Olivias Tabelle zur Selbsteinschätzung

Körperteil	Mag ich	Mag ich nicht	Neutral
Kopfform	☐	☐	☐
Ohren	☐	☐	☐
Stirn	☐	☐	☐
Profil	☐	☐	☐
Kinnpartie	☐	☐	☐
Hals	☐	☐	☐
Schultern	☐	☐	☐
Schlüsselbeinpartie	☐	☐	☐

obere Rückenpartie	☐	☐	☐
untere Rückenpartie	☐	☐	☐
Oberarme	☐	☐	☐
Unterarme	☐	☐	☐
Handgelenke	☐	☐	☐
Hände	☐	☐	☐
Brust	☐	☐	☐
Bauch	☐	☐	☐
Becken / Hüfte	☐	☐	☐
Rückgrat	☐	☐	☐
Knie	☐	☐	☐
Waden	☐	☐	☐
Knöchel	☐	☐	☐
Füße	☐	☐	☐

Und jetzt, ganz wie der Arzt zum Patienten sagt: «In Ordnung, Sie können sich anziehen», legen Sie also ein paar Ihrer Lieblingsensembles aus Ihrem Kleiderschrank an und stellen sich wieder vor Ihren zweiflügligen körpergroßen Spiegel. Sie hatten sich ja schon entschieden, daß Ihnen diese Outfits an Ihnen selbst gefallen. Können Sie jetzt, auf Ihre Selbsteinschätzung gestützt, erkennen, warum?

Wenn Ihnen die Art, wie ein bestimmtes Outfit Sie kleidet, gefällt, dann wahrscheinlich, weil es etwas verstärkt (Sie haben es oben genannt), was Sie an sich selbst mögen, oder weil es etwas überspielt, was Sie nicht besonders toll an sich finden. Amy zum Beispiel liebt eines ihrer Kleider (sie besitzt es sowohl in einer Sommer- als auch in einer Winterversion), weil es eingenähte Polster hat, die ihre nicht mit Rundungen versehene, schmale Figur wie eine Sanduhr formen. Ihre Freundin Rebecca liebt nichts mehr als lange, gerade geschnittene Kleider. Warum? Weil sie ihre dicken, geraden Beine für ihren Schwachpunkt hält. Dafür hat sie schmale Hüften. Die lang geschnittenen Kleider heben das hervor, was ihrer Meinung nach attraktiv ist, während das, was sie nicht mag, weniger auffällt.

Hier gibt es keine Regeln. Sie müssen selbst herausfinden, was für *Sie* das Beste ist, was *Sie* glücklich macht. Aber schwindeln Sie sich nicht an und bringen Sie keine Entschuldigungen vor, an die Sie selbst nicht glauben. Seien Sie mutig, aber freundlich. Emanuel Ungaro sagt, der häufigste Fehler von Frauen bestehe darin, «den Trends blind zu folgen und sich nicht mit kritischem, aber freundlichem Blick selbst im Spiegel zu betrachten».

Ein letzter Vorschlag zum Spiegel: Wenn Sie Ihr Aussehen vor Verlassen des Hauses überprüfen, bewegen Sie sich, beugen und drehen Sie sich ein wenig. Stehen Sie nicht da wie in einem Wachsfigurenkabinett. So sehen Sie, ob die umgeschlungene Schärpe Ihres Kleides sich löst oder ob die Hose sich in den Schritt zieht. Und Sie sehen sich selbst mehr so, wie Sie wirklich *sind* – und das ist der Sinn der ganzen Übung. Denken wir an den Ratschlag, den Sonia Rykiel uns gegeben hat. Nach ihrer Überzeugung erhält eine Frau Schick und Stil «durch die Art, wie sie geht, die Art, wie sie steht. Die Kunst, sich so anzuziehen, daß es ihrem Körper entspricht.» Es geht um Bewegung.

Fotoapparate und Videokameras

Apropos sich selbst so sehen, wie man wirklich ist: Wie wär's, wenn Sie sich einmal die Schnappschüsse und Videoaufnahmen der letzten Zeit durchsähen? Ich weiß – auf Fotos sieht man immer fünf Kilo dicker aus, und Sie sind noch nie fotogen gewesen. Aber schauen Sie sich die Fotos diesmal anders an. Statt diejenigen schnell verschwinden zu lassen, die Sie scheußlich finden, und sich an denen zu ergötzen, die Sie mögen, blicken Sie einmal tiefer. Was finden Sie eigentlich so gut an Ihrem Foto von der dritten Hochzeit Ihrer besten Freundin? Gefällt es Ihnen, wie dieser kleine bebänderte Hut Ihre großen braunen Augen unterstreicht? Wie der rote Schal mit dem Pünktchenmuster Ihrem Teint einen rosigen Schimmer verleiht? Wie die langen, dunklen Ärmel Ihres Kleides Ihre schönen, ausdrucksvollen Hände betonen?

Und was hat Sie bei den Videoaufnahmen vom Weihnachtsfest im Kreise Ihrer Lieben vor Entsetzen aufquieken lassen? (Abgesehen von der Pute Ihrer Schwiegermutter?) Vielleicht der Anblick Ihres Bauches, der unter dem geblümten Seidenkleid hervorquillt? Die strohige Krause, die Sie für Ihre Frisur gehalten haben?

Fragen Sie immer nach den Gründen für Ihre Reaktion auf Ihr eigenes Bild. Wenn es Ihnen gelingt, eine Reaktion zu identifizieren und das zugrundeliegende Problem zu benennen, können Sie es auch lösen, wenn Sie wollen. Fügen Sie die Kleider, die Sie auf den guten

Aufnahmen trugen, in Ihre Garderobe ein. Und sortieren Sie die von den häßlichen Fotos endgültig aus.

Benutzen Sie die Kamera wie die Spiegel als Verbündete. Sie ist das Werkzeug einer akkuraten Selbsteinschätzung und kann Ihnen den Weg zu allen Veränderungen weisen, die Sie gern an sich vornehmen würden. Hier sind eine Reihe von Übungen, die Sie mit Ihrem Fotoapparat oder Ihrer Videokamera durchführen können.

Übung Nr. 1

Treffen Sie sich mit einer Freundin und lassen Sie sie Bilder in verschiedenen Outfits von Ihnen machen. (Amy hat das mittels einer Polaroidkamera mit mir gemacht.) Reden Sie, bewegen Sie sich, setzen Sie sich, drehen Sie sich um, beugen Sie sich vor usw. Dann betrachten Sie das Ergebnis. Nun entscheiden Sie wieder, was Ihnen gefällt und was nicht, und analysieren Sie die Gründe. Fragen Sie immer nach dem Warum.

Sie können dieses Experiment auch auf andere Weise ohne Mithilfe anderer durchführen:

Übung Nr. 2

Wenn demnächst mal wieder ein Fotoapparat gefragt ist, dann lassen Sie die üblichen netten Schnappschüsse oder Videoaufnahmen von jemand anderem machen. Sie werden feststellen (nun, wo Sie die Aufnahmen zielgerichtet, konzentriert und aufgeklärt betrachten werden), daß Sie mehr darüber nachdenken, wie Sie aussehen, wie Sie sich verhalten und wie Sie gesehen werden wollen. Das ist gut so. Falls Sie sich wie eine Schauspielerin fühlen, denken Sie daran, daß Sie selbst das Publikum sind. Lassen Sie sich davon nicht befangen machen, sondern machen Sie sich bewußt, daß Sie sich so besser kennenlernen. Das wird Ihnen bei der Auswertung der Ergebnisse dieser Foto-sitzung helfen.

«Jedes Auge ist ein Spiegel»
Diese Zeile hat Gloria Vanderbilt geschrieben (die, wie Amy sagt, eine der bestaussehenden Frauen ist, die sie je sah). Diese Frau ist sich ihrer selbst so bewußt und sicher, daß sie nie über ihre Erscheinung und Wirkung nachzudenken scheint. Ihre völlige Übereinstimmung mit sich selbst gestattet ihr, ihre Aufmerksamkeit voll-ständig ihrem Gesprächspartner zuzuwenden, und das – nicht ihre beträchtliche natürliche Schönheit – ist das Geheimnis ihres Charmes. Für unsere Zwecke wollen wir Glorias Satz dahingehend ausweiten, daß wir sagen: «Jedes Auge ist auch eine Kamera.» Wenn Ihnen die Trockenübungen zu Hause auch künstlich und gezwun-gen erscheinen mögen, sind sie doch ein privates Nach-spielen dessen, was jeden Tag auf der Straße, im Ein-kaufszentrum, bei der Arbeit, im Supermarkt stattfindet, ob Ihnen das nun gefällt oder nicht! Andere Menschen – Fremde, Freunde und Familienmitglieder – nehmen Sie wahr, wohin auch immer Sie gehen. Wir wollen, daß Sie sich dabei wohl fühlen.

Wenn Sie aber trotz der Hilfe von Spiegeln und Kameras noch immer Probleme damit haben, sich klar und objektiv zu sehen, oder wenn Sie jemanden brauchen, der Sie vom Spiegel an Ihrer Zimmerwand auf die Bühne des Lebens hinausbegleitet, so machen wir Ihnen hier einen kleinen Vorschlag: Stellen Sie sich, während Sie sich vor dem Spiegel ankleiden, und dann, während Sie hinausgehen und sich ins Leben stürzen, vor, ein Paar wohlwollender Augen schaue Ihnen zu. Wie sehen Sie für diese Augen aus? Sie können sie sich als Schutzengel vorstellen oder als einen außerhalb Ihrer selbst befindlichen Teil Ihres Gewissens – was immer Ihnen hilft. Diese Augen mögen Sie, lügen aber nicht.

Und hier sind zum Abschluß noch ein paar wichtige Gedanken Amys, von denen wir beide profitiert haben.

Was man Ihnen als Ihre Mängel aufgetischt hat, könnten in Wirklichkeit Ihre stärksten Pluspunkte sein
Glauben Sie nicht, was Ihre Familie oder Ihre verflossenen Lover Ihnen gesagt haben. Ist Ihnen jemals der Gedanke gekommen, daß diese Leute vielleicht nicht immer nur Ihr Bestes im Sinn hatten? «Eselsohr, Bohnenstange, Zaunlatte», all diese Beschimpfungen hatte Amy im Laufe ihrer Jugend gehört. Und jetzt raten Sie mal. Nachdem sie jahrelang ihre Ohren versteckt, ihre Magerkeit gehaßt, ihre Größe heruntergespielt hatte, *betont* Amy diese Eigenschaften nun. Als Teenager, fast ein Meter achtzig lang und dünn, traute sie sich nicht,

Absätze zu tragen. Der Gedanke, ihre Abweichung von der Norm noch zu vergrößern, war einfach zu erschreckend. Dann wies ihr Onkel Ray sie darauf hin, daß hohe Absätze ihre Größe im Verhältnis weniger beeinflussen würden als bei einem kleineren Mädchen. Seitdem genießt Amy die zusätzlichen Zentimeter durch den Absatz. Fantastisch.

Machen Sie Ihre Unvollkommenheiten zu Ihrem Markenzeichen

Truman Capote, der mehr über schöne Frauen wußte als sie über sich selbst, hat für «Frühstück bei Tiffany» eine Figur namens Mag Wildwood erfunden. Sie war zu groß, linkisch, flachbusig und stotterte – und dennoch war sie ein Renner, ein umwerfendes, vielgefragtes Model. Das Geheimnis ihres ungewöhnlichen Erfolgs? Sie betonte jede ihrer Unzulänglichkeiten so stark, daß sie ihren Charme ausmachten.

Berühmtheiten wissen, wie sie die Unstimmigkeiten ihres Körpers nutzen können. Was wäre Barbra Streisand ohne ihre Nase, Anna Nicole Smith ohne ihre Riesenhaftigkeit und Dolly Parton ohne ihren kitschigen Glamour? (Wie Dolly sagt: «Man braucht eine Menge Geld, um so billig auszusehen!») Sonderbarerweise kann genau das, was man an sich selbst nicht mag, von anderen heiß ersehnt sein. Ich kenne eine Sportlehrerin namens Suzy, die ihren kantigen Kiefer schrecklich findet, weil ihr Mann sich immer darüber lustig macht. Was würde ich für eine ausgeprägte Kinnpartie geben! Und

Jacqueline Kennedy war deswegen gewiß nicht weniger schön. Wie Francis Bacon schreibt: «Es gibt keine Schönheit ohne irgendeine Merkwürdigkeit in der Proportion.»

Zwingen Sie sich nicht dazu, das Gegenteil von dem zu sein, was Sie sind

Schließlich hat es bei Aschenputtels häßlichen Stiefschwestern auch nicht geklappt: Aschenputtels zierliche Glasschuhchen paßten trotz aller Mühe nicht. Aus einer glatthaarigen Brünetten wird selten eine goldgelockte Blondine. Wonderbras und Schößchenblusen verwandeln ein mageres Persönchen noch lange nicht in eine üppige Sexbombe à la Marilyn Monroe. Eine exotisch wirkende Frau mit dunkler Haut wird in den Kleidern einer Nachfahrin der Pioniere aus dem provinziellen Connecticut verkleidet aussehen. Diese Versuche, jemand ganz anderer zu sein, führen in der Regel direkt ins Unglück. Schon der griechische Philosoph Epiktet sagte: «Wisse zuerst, wer du bist; dann kleide dich danach.»

Ändern Sie, was sich ändern läßt

Wenn Sie über bestimmte Eigenheiten Ihrer selbst wirklich unglücklich sind, wenn Sie mit Ihrer Körperhaltung, Ihrer Nase, Ihren Zähnen einfach nicht leben können, dann tun Sie nicht so, als gäbe es das Problem gar nicht, und behaupten Sie nicht, da ließe sich sowieso nichts machen. Lassen Sie sich nicht unterkriegen. Gehen Sie zu einer Krankengymnastin, zu einem plastischen Chirurgen mit gutem Ruf (das ist äußerst wichtig), zu einem Kieferorthopäden. Machen Sie eine Diät und halten Sie sie durch. Sie können Ihr Schicksal ändern. Außer Ihnen kann es keiner.

Befreien Sie sich aus den Zwängen all dieser miesen, kleinen Regeln

Unterdrücken Sie diese gemeine, kleine «Das sollte man nicht tun»-Stimme in Ihrem Innern. Das ist die Stimme des Selbsthasses und der Angst: «Rotschöpfe sollten kein Rosa tragen»; «Du bist zu dünn für Schwarz»; «Du bist zu dick für Streifen»; «Für Strickstoffe hast du eine zu große Oberweite»; «Grün- und Rosatöne soll man nicht kombinieren, das beißt sich.»

Unsere Meinung dazu ist: Wenn Sie eine Farbe mögen, dann sollten Sie sie auch tragen. Und: Stil beruht oft auf der Umkehrung dieser Regeln. Eine Frau mit rotem Haar kann mit Rosa tatsächlich fantastisch aussehen, und wenn Sie Ihren großen Busen mögen, warum sollten Sie ihn dann nicht herzeigen?

Schluß mit den Ängsten, der Selbstverleugnung, den kleinen Selbstlügen!

Seien Sie gut zu sich selbst. Seien Sie ehrlich. Sonst stolpern Sie benommen durchs Leben und werden mit Ihrem Aussehen niemals glücklich (und ansonsten wohl auch nicht). Wer sich selbst belügt, verkrüppelt sich selbst. Das hier ist keine Kostümprobe. Es ist Ihr Leben. Ich kann Ihnen nicht sagen, wie Sie aussehen wollen und was für Sie das richtige ist, und auch eine Modezeitschrift, Ihr Mann oder Ihre Mutter können das nicht. Es ist etwas, das Sie selbst entscheiden müssen. Aber was ist, wenn Sie sich noch immer nicht entscheiden können? Wenn Sie sechzehn sind, sollten Sie wahrscheinlich auch noch gar nicht wissen, wie Sie aussehen wollen. Doch wenn Sie wie ich zur Generation der Babyboomer gehören, ist es vielleicht Zeit, diesen ganzen Modekram ein für allemal in den Griff zu bekommen. Vielleicht haben Sie das gleiche Glück wie ich und stellen fest, daß Ihr Kleiderschrank schon alles über Sie selbst enthüllt. Wenn das aber bisher nicht der Fall war, gibt es noch immer Hoffnung! Lesen Sie das nächste Kapitel.

WOHLBEFINDEN CONTRA STIL

oder

Der Balanceakt

Nur oberflächliche Leute
urteilen nicht nach dem äußeren Anschein.

Oscar Wilde

Aus heutiger Perspektive wirken all die Apparaturen, die Frauen im Namen von Schick und Stil zu tragen gezwungen waren – fischbeinverstärkte Korsetts, Stahlreifen, Hüftgürtel – wie Folterinstrumente. Merkwürdig genug, haben sich aber in all diesen Jahrhunderten die Frauen nie wirklich über Unbequemlichkeiten beklagt. Tagebücher aus dem neunzehnten Jahrhundert enthüllen sogar, daß einige Frauen das Gefühl des Engeingeschnürt-Seins tatsächlich mochten. Die Gesundheitsproblematik einmal beiseite, was lernen wir daraus?

Sich in einer Kleidung wohl zu fühlen ist ebensosehr eine Frage der Einstellung wie der physischen Realität
Bequem ist das, was in einer bestimmten Kultur als solches gilt. Zum Beispiel besaß bis ins siebzehnte Jahrhundert hinein niemand in der westlichen Welt Polstermöbel. Und doch störte sich vor dem Einzug gepolsterter Sitzgelegenheiten kein Mensch an harten Holzstühlen mit steilen Lehnen.

Als in den Sechzigern die Feministinnen zur Feier ihrer neugewonnenen Freiheit den BH verwarfen, machte diese Geste nur symbolisch Sinn. Fragen Sie einmal eine Frau mit Größe 90 D – die würde Ihnen sagen, daß sie sich ohne BH ebenso unwohl fühlen würde wie Jackie Joyner-Kersee beim Sprint auf Plateausohlen.

Ein Reporter fragte Amy einmal, welches von allen Gewändern der Zeitgeschichte wohl das bequemste sei, und sie schlug den Kaftan vor. Ehe sie sich's versah, war er in einem Ankleidezimmer verschwunden und hatte einen Kaftan angelegt, den Amys Mann vor Jahren aus Marokko mitgebracht hatte. Und was war wohl sein Urteil? Er fühlte sich unbehaglich, weil es ihm so vorkam, als hätte er ein Kleid an.

Übrigens fühle auch ich mich in einem Kaftan nicht wohl, weil ich es als unangenehm empfinde, wenn Haut an Haut reibt – deswegen bevorzuge ich Hosen. Ein Rollkragen z. B. gibt mir das Gefühl zu ersticken; Amy hingegen fühlt sich darin geborgen. Sich wohl fühlen bedeutet heutzutage für jede Frau etwas anderes.

Sich wohl fühlen ist aber auch eng mit Angemessenheit verbunden, mit der Anpassung an die gegenwärtig gesellschaftlich akzeptierten Normen. So tragen etwa Männer (in der Regel) keine Röcke; ebensowenig legen Geschäftsfrauen im Job schwarze BHs mit ausgesparter Körbchenmitte an, die sich unter der weißen Seidenbluse samt rosiger Brustspitze provozierend abzeichnet.

Sich wohl fühlen und Stil haben sind nicht notwendigerweise Gegensätze. Sie können sogar eng miteinander verbunden sein
Wenn man den Kollegen in Geschäft oder Büro, den Mitschülern im Klassenzimmer nicht irgendwie ähnlich sieht, wird man sich wahrscheinlich nicht wohl fühlen.

Und glauben Sie nur nicht, Nacktheit wäre das Nonplusultra der Bequemlichkeit. Wie wohl fühlen denn *Sie* sich splitterfasernackt? Verstehen Sie, was ich meine?

Heute leiten wir unsere Vorstellungen von bequemer Kleidung meist von der Freizeit- und Sportkleidung ab. Wenn Frauen «nur schnell etwas Bequemeres anziehen» wollen, dann meinen sie heute damit kein mit Marabu-federn besetztes Satinnachthemdchen à la Jean Harlow. Die meisten Frauen greifen nach den ausgeleierten Leggins, einem T-Shirt und Turnschuhen. Ich fühle mich in meiner alten Trainingshose und einem weichen Fla-nellhemd am wohlsten. Amy in ihrem weißen Fernando-Sanchez-Bademantel und Pantoletten mit Leoparden-muster. (Deswegen leben wir in ständiger Furcht vor dem Bildtelefon.) Wie gerne wir diese Klamotten aber auch tragen, wie wäre uns in unseren sogenannten be-quemsten Sachen wohl zumute, wenn wir darin plötzlich in einer TV-Talkshow auftreten müßten?

Beschäftigen wir uns einmal kurz mit der weitver-breiteten Überzeugung, Jeans – dieses universelle Sym-bol des amerikanischen demokratischen Stils und das erfolgreichste Kleidungsstück des zwanzigsten Jahrhun-derts – gehörten zu den bequemen Bekleidungsartikeln. O yeah! Tatsächlich? Und wie steht es damit, daß sie so gern im Schritt kneifen? Autsch!! Daß sie in der Taille zu weit sind oder an den Oberschenkeln spannen? Der Stoff ist grob (wenn auch bemerkenswert haltbar), die Nähte sind dick, klumpig und schwer wie Dosenravioli. Im Sommer sind Jeans zu warm, im Winter zu kalt. Denken Sie einmal darüber nach. Sowohl Amy als auch ich sind überzeugt, daß es nahezu unmöglich ist, ein Paar zu finden, das gut sitzt. Und Jeans sind ganz entschieden für die meisten Frauen nicht die kleidsamste Lösung – wenn es auch einige sehr hübsche Ausnahmen geben mag.

Wir glauben, daß Jeans dem gängigen *Bild* von Unbeschwertheit und Lässigkeit entsprechen. Mit ihnen geht man auf Nummer Sicher: Schließlich trägt sie *jeder*, vom Filmstar bis zum Kid. Sie sind demokratisch. Seien wir aber ehrlich. Der Tragekomfort von Jeans ist ein Mythos, auf den wir alle hereingefallen sind! Nun verstehen Sie uns nicht falsch, wir sagen nicht: «Tragen Sie keine Jeans.» Wir weisen nur darauf hin, daß sie vielleicht nicht ganz so *bequem* sind, wie Sie dachten.

Turnschuhe sind, abgesehen vielleicht von den altmodischen Leinentretern, auf ihre Art noch weniger attraktiv am Fuß als Jeans am unvollkommenen Po. Moderne Turnschuhe sind klobig, klotzig, häßlich. Und zu Anzug oder Kleid sehen sie einfach unmöglich aus. (Amy lehnt sie sogar in ihrem Gymnastikkurs ab. «Ich gehe barfuß», sagt sie. «Schließlich komme ich aus Tennessee!») Warum aber hält die komplette amerikanische Nation daran fest? Wen Sie auch fragen, er wird antworten, sie seien so bequem. Warum trägt die Nation dann nicht eher orthopädisches Schuhwerk? Ganz einfach, weil Omas Gesundheitslatschen für jedermann mit einem Gebrechen verbunden sind, während Nikes, Reeboks usw. für Jugend und Fitneß stehen.

Hier noch ein weiteres Beispiel, das die verblüffend weit gefächerten Vorstellungen in puncto bequemer

Kleidung illustriert: Als Amy während ihrer Schwangerschaft ganz besonders auf ein gutes Körpergefühl bedacht war, fühlte sie sich in einem Kleid mit Trapezlinie und Sandalen am wohlsten. Ihre Freundin Martine hingegen verbrachte statt dessen neun Monate in Leggins und Kittelbluse. Als Amy es mit Leggins versuchte, behinderten die sie am Knie, schnürten ihr das Blut ab und kniffen sie in den Bauch.

Bequeme Kleidung, ihr Lieben, ist etwas Relatives – sie ist relativ zum eigenen Geschmack, zur jeweiligen Situation und zur Epoche. Denken Sie also darüber nach, welche verschiedenen Rollen Sie ausfüllen müssen und welche Kleidung Sie dafür brauchen: Vermeiden Sie, Ihre Garderobe auf dem Gegensatz von bequemer und schicker Kleidung aufzubauen – Jogginganzug und Turnschuhe contra kratziges Cocktailkleid, das in der Taille kneift. Man sollte das Leben nicht reduzieren auf den Gegensatz von abgetragenen Jeans und förmlich steifer Busineßkleidung.

Hier schlagen wir Ihnen nun eine Annäherung vor, bei der Sie sich einerseits wohl fühlen, andererseits aber auch den Erfordernissen entsprechend gekleidet sind. Erfolg in diesen Punkten setzt voraus, daß Sie sich sowohl Gedanken über Ihren eigenen Körper und sein Wohlbefinden machen als auch Ihren Lebensstil bewußt mit einplanen.

Es ist wirklich schade, daß wir nicht alle die Zeit, das Talent und die Freiheit haben, uns unsere eigenen Kleider neu zu erfinden. Geoffrey Beene, der die männliche

«Uniform» des Anzugs mit Krawatte für obsolet hält, trägt mittlerweile ausschließlich ein selbstentworfenes Jackett. Es ist eine leicht veränderte Anzugjacke: anstelle von Gabardine oder Flanell wird ein weicher Strickjersey verwendet. «Es ist so bequem wie eine Strickjacke, aber genauso angemessen wie eine Anzugjacke», erklärt er dazu. Bequeme Kleidung mit Stil!

Diese Art der Auflösung von Gegensätzen streben wir an. Fassen wir also zusammen, was Sie im Verlauf der folgenden Kapitel beim Nachdenken über Ihre Garderobe nicht vergessen sollten:

- Das Gefühl, sich in einer bestimmten Kleidung wohl zu fühlen, entspricht teilweise einer inneren Einstellung, die – unabhängig vom objektiven Körperempfinden – von einem Menschen zum anderen, von einer Situation zur anderen, von einer Epoche zur anderen variieren kann.
- Schick und bequem ist nicht notwendigerweise ein Gegensatzpaar – eines kann das andere unterstützen.
- Eine Frau mit Stil hat niemals das Gefühl, in unbequemer Kleidung zu stecken. Sie fühlt sich in Abendkleidung so wohl wie in ihren Klamotten für die Gartenarbeit.

Die Designerin Betsy Gonzalez hat dazu noch einen Rat parat: «Eine Frau sollte niemals etwas tragen, worin sie nicht den Mambo tanzen kann.»

MOMENT MAL

oder

Wie gewichtig ist eine schlanke Taille?

An sich ist nichts weder gut noch böse;
das Denken macht es erst dazu.

Shakespeare

Man könnte mich «pummelig» nennen (und so hat man mich auch schon genannt), «rundlich», «dicklich», «mollig» oder einfach «übergewichtig». Dabei bin ich genau durchschnittlich. Ich bin einen Meter dreiundsechzig groß (die statistische Durchschnittsgröße für amerikanische Frauen), und als ich mit diesem Buch anfing, wog ich sechsundsechzig Kilo – genau Durchschnitt. (Also, der Satz verlangt Mut!) Da ich nun die Durchschnittsgröße und das Durchschnittsgewicht einer amerikanischen Frau habe, warum fühle ich mich dann so viel kleiner und dicker?

Der Statistik zufolge legen alle Amerikanerinnen (nicht nur Sie und ich) ab dreißig jedes Jahr etwas Gewicht zu. Nachdem ich die Vierzig überschritten habe (und bei der Arbeit an meinen letzten drei Romanen vier Jahre lang auf dem, sagen wir einmal, «Stuhl» gesessen habe), finde ich mich ausladender denn je zuvor. Doch damit stehe ich nicht allein da.

Alles in allem sind ein Drittel der erwachsenen Amerikaner, achtundfünfzig Millionen, übergewichtig, im Vergleich zu einem Viertel vor nur fünfzehn Jahren. Den *Annals of Internal Medicine* zufolge verlieren die meisten Diätesser gerade einmal zehn Prozent des Gewichts, das sie loswerden wollten – und, wie die meisten von uns aus Erfahrung wissen, ist selbst das schnell wieder drauf. Im gleichen Bericht kann man nachlesen, daß nach einer Diät ein bis zwei Drittel der Betroffenen ihr altes Gewicht schon nach einem Jahr zurückhaben; nach fünf Jahren ist praktisch jeder wieder da, wo er angefangen hat.

Ich habe immer vor, schlanker zu werden. Ich mache regelmäßig Gymnastik, und seit zwei Jahren habe ich kein Dessert mehr gegessen (nicht einmal meinen eigenen Geburtstagskuchen). Manchmal bin ich auch um fünf Kilo leichter, aber dann bin ich immer noch nicht glücklich, weil ich wieder die vierundfünfzig Kilo vom Ende meiner Collegezeit haben möchte. Daher habe ich viele Jahre lang nicht das Beste aus meinem Typ gemacht, denn ich wartete auf ein Wunder – darauf, wieder dünn zu sein.

Also, ich warte nicht mehr, und ich denke, das sollten Sie auch nicht tun. Neusten Umfragen zufolge halten sich tatsächlich achtzig Prozent der amerikanischen Frauen für übergewichtig (und das schließt Teenager und Magersüchtige mit ein). Amy – die einen Meter achtundsiebzig groß ist und deren Gewicht selten die Fünfzigkilomarke überschreitet – bremst sich beim Essen nicht weniger als ich. Susie Orbach hat die Dinge richtig gesehen, als sie das «Antidiätbuch» schrieb: Wir sind eine Nation von Frauen, bei denen Essen und Abnehmen zur Obsession geworden sind. Und darum will ich Ihnen jetzt noch einmal sagen, daß Ihr Gewicht – egal welches – absolut nicht als Entschuldigung herhalten kann, wenn Sie sich keine Garderobe zusammenstellen, in der Sie sich so schick und wohl wie möglich fühlen.

Ich weiß, daß das schwer ist. Ich wollte nichts kaufen, solange ich nicht in «meine» alte Größe paßte, und so trug ich Sachen, deren Knöpfe ich kaum zubekam und die dementsprechend schrecklich aussahen. Oder ich trug Trainingshosen und ein schlabbriges T-Shirt, um mein Gewicht zu «kaschieren». Nun, kaschiert hat das gar nichts, insbesondere nicht meinen Mangel an Selbstachtung und Stil. Die «Mode-Raffkes» machen sich diese Obsession, unsere Scham, zu dick zu sein, durch «Downsizing» zunutze, indem sie nämlich die Kleidergrößen nach oben verschieben, so daß wir uns einreden können, wir paßten in Größe achtunddreißig. Wir haben kein Gramm, keinen Zentimeter Umfang verloren, fühlen uns aber geschmeichelt und öffnen bereitwillig das Portemonnaie, und das nur, weil ein Kleiderhersteller seine Größe vierzig oder zweiundvierzig als Größe achtunddreißig ausgezeichnet hat. Und nicht nur harmlose Gemüter wie Sie oder ich erliegen dieser Form von Eitelkeit, sondern auch Eleanor Lambert: «Ich war so stolz darauf, daß ich bei Halston in Größe sechsunddreißig paßte. Aber ich glaube, in Wirklichkeit war es Größe vierzig, und sie war nur als Größe sechsunddreißig ausgeschildert.»

Viele von uns lassen sich von dem Gedanken zum Narren halten, in nur einer Woche, einem Monat, einem Jahr wären wir endlich dünn und perfekt, und bis dahin sei es nutzlos, sich mit seinem Aussehen Mühe zu geben.

Fallen Sie darauf nicht herein. Genau jetzt, genau heute leben Sie Ihr Leben – welches Gewicht auch immer Sie auf die Waage bringen –, und es gibt keine Entschuldigung, wenn Sie nicht jetzt schon versuchen, so attraktiv wie nur möglich auszusehen. *Carpe diem.* Nutze den Tag.

Gut aussehen ist bei jedem Gewicht möglich
Giorgio Armani erklärte uns, «schicke Knochen», das heißt schmale Fuß- und Handgelenke, ein langer Hals und hohe Wangenknochen, seien eines der schönsten Geschenke, die Mutter Natur einer Frau machen könne. Dann fuhr er jedoch fort: «Das bedeutet aber nicht, daß Frauen, die nicht mit einer perfekten Figur gesegnet sind, nicht gleichfalls Schick und Stil haben sollten! Stil ist etwas, das von innen kommt!» Einmal habe ich in Indien zusammen mit mehreren männlichen Kollegen an einer Geschäftsfeier teilgenommen. Die Schöne des Abends war eine Hindufrau in den mittleren Jahren, die einen Sari trug. Sie war ein Dutzend Jahre älter als ich und übertraf mich ohne weiteres um zwanzig Kilo, doch sie hatte etwas, was die Männer faszinierte. Sie hatte Charme und Selbstvertrauen. Später, als ich einen der Männer über seine Reaktion auf sie befragte, schaute er mich verblüfft an und antwortete: «Sie war unwiderstehlich. Sie war so selbstsicher und sinnlich.» Er vertraute mir an, daß er sie für ausgesprochen sexy hielt. Dabei war sie alt genug, seine Mutter zu sein.

Nun will ich damit nicht sagen, daß es in *unserer* Gesellschaft für sogenannte übergewichtige Frauen leicht wäre, Selbstvertrauen auszustrahlen, aber es ist möglich.

Das *New York Magazine* hat eine Modedokumentation über die Lifestyle-Autorin Mary Martz herausgegeben. In ihren Dreißigern beschloß sie, mit ihrem Gewicht «zu arbeiten». «Und ich habe nicht ein einziges Mal in einem Laden für Dicke gekauft.» Sie sieht fantastisch aus. Und wenn Sie fantastisch aussehen, fühlen Sie sich auch fantastisch. Wenn man sich gut fühlt, achtet man mehr auf sich.

Unattraktives Aussehen demoralisiert
Die sicherste Methode, zuzunehmen, ist, nach Vogel-Strauß-Manier den Kopf in den Sand zu stecken und einfach zu hoffen, daß das Problem von allein verschwindet. Der andere Fehler ist, einfach aufzugeben.

Als ich in meiner Trainingsanzugphase war, genügte schon ein Blick in den Spiegel, und ich fühlte mich so miserabel, daß ich gleich ein paar Schokotrösterchen vertilgen mußte. Unattraktives Aussehen ist eine Art von Selbstbestrafung, die die eigene Demütigung und den Selbsthaß nur verstärkt. Handeln Sie noch heute, handeln Sie sofort, kleiden Sie sich so, daß Sie attraktiv sind und sich wohl fühlen, mit Kleidung, die richtig sitzt, welche Kleidergröße auch immer Sie haben. Denn . . .

Vielleicht motiviert es Sie sogar zum Abnehmen, wenn Sie sich gut anziehen und gut aussehen
Glauben Sie nur nicht, daß Sie, wenn Sie sich eine schöne Garderobe in Größe zweiundvierzig zusammenstellen, nun für immer dort hängenbleiben. Als ich durch mein

Fitneßprogramm schließlich eine Nummer kleiner tragen konnte, habe ich nicht gezögert, meine Hosen ändern zu lassen und loszuziehen, um mir ein paar schöne neue Sachen in Größe achtunddreißig zu kaufen. Was für ein Triumph!

Achtung, ich schlage hier keine Diät vor und auch kein magisches Fitneß- und Fastenprogramm. Sondern ich sage: Leben Sie im Jetzt, welches Gewicht auch immer Sie haben. Kaschieren Sie mit Ihrer Kleidung die Körperteile, die Sie am wenigsten mögen, und betonen Sie diejenigen, die Ihnen am besten gefallen. Und denken Sie daran, daß Sie nicht allein sind. Es gibt so viele Diätbücher, daß ich, wenn ich auch nur diejenigen zum Gewichtheben verwenden würde, die ich selbst gekauft habe, so schlank wäre wie Amy oder Kate Moss. Heutzutage sind wir alle so gründlich mit dem Abnehmvirus infiziert, daß die magersten Teenager über ihre imaginären fetten Oberschenkel jammern, während ansonsten attraktive Damen sich nach ihrer einstigen jugendlichen Schlankheit verzehren. Ein Vorteil von ein bißchen Fett ist zumindest, daß es die Gesichtszüge weicher macht. Eine berühmte französische Schönheit (die im Laufe der Jahre ein wenig zugenommen hatte, aber fast faltenfrei geblieben war) hat in diesem Zusammenhang gesagt: «Entweder mein Gesicht muß daran glauben oder mein Hintern!»

Also gebe ich mir Mühe, meine Kleidergröße zu halten, gut auszusehen und mich so zu mögen, wie ich bin.

7 STRATEGIEN

oder

Todsichere Tips für den stilvollen Look

Wir vertun unser Leben mit Details ...
Vereinfachen, vereinfachen.

Henry David Thoreau

Okay, nun haben Sie sich also ein Urteil darüber gebildet, was Sie im Kleiderschrank haben und wie Sie in Ihren Kleidern aussehen, aber vielleicht wissen Sie trotzdem noch nicht genau, wie Sie einen «Look» zusammenstellen sollen. Welche «Uniformen» stehen zur Wahl, wenn Sie noch keine gefunden haben?

Im folgenden stellen wir Ihnen sechs todsichere Strategien vor. Vielleicht ist eine darunter, die für Sie paßt.

1. Bleiben Sie bei einer Farbe

Priscilla, eine kräftige, hochgewachsene Blondine aus Texas, trägt eigentlich alles, vom Minikleid bis zum formellen Kostüm – solange das Outfit rot ist. «Herzrot macht mich glücklich», erklärt sie. «Abwechslung habe ich dadurch, daß ich enge oder weit schwingende Röcke trage oder Hosen mit Pullover oder was auch immer. Nur ist eben alles in Rot. In gewisser Weise ist das mein Markenzeichen geworden. Alle meine Freunde und Freundinnen schenken mir rote Sachen. Meine kleine Schwester macht dasselbe mit Zuckerwattenrosa.»

Die Ein-Farbton-Strategie ist in der Modewelt besonders weit verbreitet, wenn auch hier die Farbe der Wahl meist Schwarz ist. (Eine Versammlung von Modeschöpfern, Models und Moderedakteuren könnte leicht mit einem Treffen von Sargträgern verwechselt werden.) Warum Schwarz? Weil beinahe alle Schwarztöne zusammenpassen — und weil, davon einmal abgesehen, all die Flecken und Knitterfalten des Tages praktisch unsichtbar bleiben und weil Schwarz schlank macht. Außerdem hat man Schwarz schon als schick empfunden, bevor Chanel das kleine Schwarze erfand. «Schwarz ist keine Trendfarbe. Es ist immer da», sagt Geoffrey Beene.

Denken Sie aber daran, daß die Ein-Farbton-Strategie eine besondere Komplikation birgt. Nicht jeder Orangeton ist wie der andere. Und die von Ihnen ausgewählte Farbe ist vielleicht auch nicht immer erhältlich. Ein Grund, warum für den monochromen Look die Farben Rot, Schwarz, Weiß, Beige oder Marine am beliebtesten sind, ist der, daß diese klassischen Modefarben beinahe jede Saison zu haben sind. Doch selbst wenn eine Farbe als Dauerbrenner geplant ist, unterscheidet sie sich je nach Färbepartie von einem Ballen zum anderen, von einer Saison zur nächsten. Bestimmte Farben werden von den «Mode-Raffkes» in einer Saison zu «in»-Farben erklärt und verschwinden in der nächsten schon wieder. Falls Sie sich schon für Ihre Lieblingsfarbe entschieden haben, bedenken Sie zumindest noch, daß es manchmal schwieriger ist, den gleichen Farbton zu treffen, als eine Kontrastfarbe zu finden bzw. verschiedene Farben zu kombinieren.

2. Bleiben Sie bei den klassischen Modefarben

Wie eben erwähnt, ist dies eine weitere auf Farbe beruhende Modestrategie. Verwenden Sie Schwarz, Weiß, Rot, Beige und Marine. Sie können sich Ihre Garderobe aus diesen fünf Farben zusammenstellen, und wenn Sie aus dem Angebot einer neuen Saison etwas Schönes dazunehmen, wissen Sie, daß es zum Rest paßt.

3. Bleiben Sie bei einer Modelinie

Das kann kniffelig sein, denn wir alle wissen, daß ein Look schneller verschwindet als die Blätter im Herbst. Mary, Amys Freundin, ist im Alter von achtzig Jahren beeindruckend schick und trägt dabei seit Jahrzehnten das gleiche Kleid. Und es steht ihr einfach toll! Nein, natürlich nicht nur *ein* Kleid! Ein ganzer Kleiderschrank voller knielanger Hemdkleider mit elegantem Ausschnitt und langen Ärmeln, die sie selbst näht, nachdem sie von einem vor Urzeiten gekauften, sehr teuren Original den Schnitt abgenommen hat. Amy hat es schon sommers in einem flatternd leichten Seidenstoff gesehen, winters in dickem, noppigem Tweed, und nie verfehlt es seine Wirkung. Mary hat nicht nur in jungen Jahren ihren Stil gefunden, sie hatte auch genug Mut, Verstand und Witz, ihm treu zu bleiben.

Eine meiner Freundinnen setzt nie den Fuß in einen

Kleiderladen. Jane trägt – ganz lässiger Wildfangtyp und doch gepflegt – entweder Jeans und selbstgestrickte Jacken oder vom Schneider ihres Mannes gefertigte Anzüge: «Immer nach dem gleichen Schnitt. Und billiger als viele Hosenanzüge von der Stange.»

Sophia Loren hat eine eigene zweigleisige Version dieser Strategie: «Ich mag klassische Kleidung für den Tag, wenn ich aber abends ausgehe, trage ich gern rauschende Abendkleider. Darin hat man ein Gefühl, als würde die Welt einem zu Füßen liegen.» Nun, für sie ist das genau das richtige. Ich selbst würde mich in einem üppigen Taftrock albern und unsicher fühlen. Aber sie hat eben ihre Uniform (oder ihre beiden Uniformen), und ich habe die meine.

4. Bleiben Sie einem Designer treu

Es bleibt ein seltenes Wunder, doch es kommt vor: Man probiert einen Hosenanzug oder ein Kleid an und weiß – es ist wie für einen gemacht. Das gute Stück sitzt einfach *überall*, es schmeichelt, es fühlt sich gut an. Man möchte es gleich im Laden anbehalten und nie wieder ausziehen. Man möchte es im Bett und unter der Dusche tragen. Wer hat es entworfen? Was steht auf dem Label? Seien Sie dankbar. Wenn Sie Glück haben (und der Designer gut ist), werden Sie jedesmal, wenn Sie in eins von seinen Kleidern schlüpfen, das Gefühl haben, nach Hause zu kommen.

Diana Vreeland hatte in ihrer Funktion als Moderedakteurin von *Harper's Bazaar* die Gelegenheit, alle Kleider der Welt zu tragen – niemals jedoch war sie in etwas anderem zu sehen als in Anzügen von Mainbocher. Sie hatte *ihren* Designer gefunden, ihre Uniform, und sie sah göttlich aus. Sie wurde richtiggehend zur Legende.

Cynthia Carter, die Frau des Chefredakteurs von *Vanity Fair*, hat einen völlig anderen Look, der gleichfalls jenseits aller Mode steht. Bei ihr sind es eine Unmenge dunkelgelocktes Haar, ein bleicher Teint und romantische, stoffreiche Ensembles von Romeo Gigli. Keine sieht aus wie sie, aber alle sehen sie an – bewundernd.

Auch Amy hat sich dieser monogamen Modephilosophie aus vollem Herzen angeschlossen, ob das nun ihre Kleidung betrifft (Beene), ihre Strumpfhosen (Hanes) oder sogar ihre Gymnastiksachen (Gilda Manx). Sie findet diese strenge Beschränkung befreiend.

Doch Achtung: Da in der Seventh Avenue die Designer, die Maße der Schneiderpuppen und die Hersteller so oft wechseln wie unsereiner die Unterwäsche und da die Designer-Teams groß genug sind, ein Fußballstadion zu füllen, ist Beständigkeit bei einem Label eine seltene und achtenswerte Tugend. Wenn Sie so etwas finden, seien Sie treu.

5. Bleiben Sie bei einem Outfit und tragen Sie es in jeder verfügbaren Farbe

Geoffrey Beenes Designer-Assistentin erzählte uns, die modeerfahrensten Kunden kauften häufig dasselbe Outfit in jeder verfügbaren Farbe, statt sich ihre Garderobe aus der gesamten Kollektion zusammenzustellen. Die Leiterin einer exklusiven Schuhboutique in New York berichtete, daß ihre bestbeschuhten Kundinnen mit ihren Lieblingspumps oder -stiefeletten das gleiche machen. Ich selbst habe jeweils ein Paar fantastischer Schnürstiefel in Schwarz, Braun und Lohfarben.

6. Tragen Sie unten Dunkel, oben Farbe

Wie bereits in Kapitel 3 erwähnt, habe ich für mich selbst eine ziemlich einfache Lösung gefunden: Birnenförmig wie die meisten Frauen, fühle ich mich in dunklen Hosen oder dunklem Rock mit dunklen Strümpfen am wohlsten und sehe darin am besten aus. Da mir aber Schwarz von Kopf bis Fuß zu langweilig und streng ist, trage ich dazu neutrale Blazer und Pullover, oft mit einer weißen Bluse darunter. Falls auch bei Ihnen die Schokoladenseite oben ist, füge ich noch einen Vorschlag von Eleanor Lambert, die die Liste der Bestgekleideten ins Leben gerufen hat, hinzu: «Heben Sie sich interessante Details und Farben für oberhalb der Taille auf – man wird zuerst auf Ihr Gesicht schauen, nicht auf Ihre Hüften.»

*Hinter jeder dieser Strategien steht ein gemeinsames
Prinzip, das wir die Nur-eins-Regel nennen: eine Farbe,
eine Farbpalette, eine Linie, ein Outfit ... ein Stil!*
Durch all diese Vorschläge zieht sich wie ein roter Faden
der Gedanke, daß Einfachheit und Disziplin unabdingbar
notwendig sind. Nur sehr wenige Frauen haben genug
Zeit, Interesse, Geld, Talent und den dazugehörigen Lebensstil, sich eine Garderobe zu leisten, für die man
Imelda Marcos wohlgefülltes Schuhzimmer und eine en-
gagierte Kammerzofe bräuchte. Und doch fühlen Sie
sich vielleicht durch die obigen Vorschläge bedroht.

Fassen Sie Ihre Abwehr genauer ins Auge. Wo ist die
Abwechslung, könnten Sie sich fragen. Wo ist die Aufre-
gung? Wo ist das Unerwartete? Ganz abgesehen von dem
Problem, was Sie mit dem überflüssigen Zeugs in Ihrem
Kleiderschrank tun sollen.

Falls Sie sich tatsächlich bedroht fühlen, stellen Sie
sich folgende Frage: Will ich Aufregung, Abwechslung,
kleine Kicks für meine Kleider – oder für mich? Traurigerweise haben wir festgestellt, daß bei vielen Frauen
das, was sie sich für ihr *Leben* wünschen, nur im *Kleiderschrank* auftaucht. Meine Freundin Lisa kaufte sich ein
Cocktailkleidchen nach dem anderen. Eines Tages hatte
sie das, was wir einen Moment der Mode-Erleuchtung
nennen. «Ich gehe überhaupt nie auf Cocktailpartys»,
gestand sie mir. «Aber ich muß diese Kleider einfach immer wieder kaufen. Ich glaube, ich hätte gern das Leben,
für das ich einkaufe.» In Ihrem Kleiderschrank kann es
durchaus Spaß, Vergnügen und Aufregung geben, aber

das alles sollte mit der Realität in Verbindung stehen. Wenn Sie keine Gelegenheit haben, ein Kleid zu tragen, das Sie gern besitzen würden, dann ändern Sie Ihr Leben, aber nicht Ihre Garderobe.

Und hier sind noch ein paar weitere Regeln, die Sie im Kopf behalten sollten, wenn Sie einen Stil «probieren»:

Akzeptieren Sie, daß Sie nicht alles sein können
Loslassen ist ein Teil dieses Prozesses.

Akzeptieren Sie, daß Sie nicht alles haben können
Selbst wenn Sie es sich leisten könnten, würden Sie damit doch nicht besser aussehen. Und, um den Komiker Steven Wright zu zitieren: «Wenn Sie alles hätten, wo würden Sie es dann unterbringen?»

Wählen Sie die Kleider aus, in denen Sie sich wohl fühlen und mit denen Sie glücklich sind
Manche Sachen sehen gut aus, fühlen sich aber nicht gut an. Bei anderen wieder ist es andersherum. Man hat mir gesagt, Rot würde mir gut stehen, und das sehe ich auch selbst. Aber ich fühle mich in Rot nicht wohl. Darum habe ich es aufgegeben. Entscheiden Sie sich für die Dinge, bei denen beides stimmt. Wir alle suchen das Utopia, wo sich gut anfühlt, was gut aussieht.

HILFE!
oder
Wie Sie Ihren Mode-Guru finden

Wenn der Schüler bereit ist, kommt der Meister.

Chinesisches Sprichwort

Warnhinweis: Lesen Sie dieses Kapitel nicht, bevor Sie Kapitel 1 bis 6 abgeschlossen haben! Und wenn Sie sich selbst in Ihrem Kleiderschrank schon gefunden haben, können Sie dieses Kapitel einfach überspringen. Wenn Sie aber jetzt noch verwirrter und entmutigter sind als zuvor, dann verschafft Ihnen dieses Kapitel vielleicht Erleichterung. Das Reaktionsvermögen beim Autofahren und beim Bedienen von Maschinen kann beeinträchtigt werden. Dies gilt verstärkt in Zusammenhang mit Alkohol. Während der Schwangerschaft sollte dieses Kapitel nicht gelesen werden.

Sie sind also in Ihren Kleiderschrank eingetaucht, um sich selbst zu finden, es war aber niemand zu Hause. Oder, noch schlimmer, es kam Ihnen vor wie das Gedränge bei einem Kostümfest, zu dem Sie nicht eingeladen waren. Oder (Horror!) Sie haben gemerkt, daß Sie sich selbst verabscheuen und Ihre Kleider das laut verkünden. Was nun? Ein Ratgeber kann nur ein begrenztes Maß an Hilfe bieten. Wenn man sich in den Gassen Katmandus verirrt hat, kommt der Punkt, an dem man den Stadtplan wegsteckt und jemanden nach dem Weg fragt. Wie das spanische Lieblingssprichwort einer meiner Freundinnen sagt: Frage, dann wirst du Rom finden. (Oder vielleicht Paris oder Cincinnati, je nachdem, wie Sie sich kleiden wollen!)

Wenn Sie bis jetzt noch immer nicht wissen, wie Sie sich anziehen wollen, dann haben Sie bitte nicht das Gefühl, versagt zu haben oder von diesem Buch im Stich gelassen worden zu sein. Sehen Sie es doch so: Sie haben schon mehr an Erleuchtung gewonnen, als Sie erwartet hatten. Kein Wunder, daß Sie sich in Ihren Kleidern nie wohl gefühlt haben! Es ist keine Schande, sich an diesem Punkt einen guten Mentor zu suchen. Beim Stil geht es nicht ums Nachmachen, sondern darum, sich zu entwickeln, und oft brauchen wir dazu Hilfe. Auf die Frage nach ihrem grundlegendsten Ratschlag zum Thema Stil antwortete Eleanor Lambert: «Nicht aufgeben.» Ein Autor der Beat-Generation, Lew Welch, hat es so ausgedrückt: «Jemand hat es mir gezeigt, und ich habe es selbst herausgefunden.» Dafür bekommen Sie trotzdem die volle Punktzahl.

Kniffelig ist jedoch die Frage, wie Sie die *richtige* Hilfe bekommen. Achten Sie auf das, was wir das «Phänomen des Wiedererkennens» nennen: So wie es Ihnen vielleicht schon passiert ist, daß Sie jemanden kennengelernt haben oder über jemanden gelesen haben, der Ihre unausgesprochenen Gedanken perfekt formuliert, so mag es auch jemanden geben, der Ihnen den Weg zu jener perfekten Kleidung weist, die Sie, ohne es zu wissen, schon immer gesucht haben. Dieser Prozeß sollte aber nicht aus sklavischer Unterwerfung bestehen. (Vergessen Sie nicht, ich habe aus Amys Vorbild gelernt, sie aber niemals kopiert.) Er ähnelt eher einer Enthüllung des eigenen Selbst – ähnlich wie eine gute Psychotherapie.

Dieses Kapitel umreißt die sechs Möglichkeiten, wie Sie Hilfe in Modedingen bekommen können:

- Suchen Sie sich eine Freundin, die Ihnen hilft.
- Suchen Sie sich eine Verkäuferin, der Sie vertrauen.
- Suchen Sie sich einen Stylisten.
- Suchen Sie sich einen persönlichen Einkaufsberater.
- Suchen Sie sich eine Boutique mit einer Auswahl, die Sie anspricht.
- Suchen Sie sich eine Frau, deren Stil Sie bewundern.

Jeder dieser Versuche kann zu einer Erleuchtung in Fragen Stil führen, seien Sie sich aber bewußt, daß auch jeder voller Gefahren steckt. Wenn Sie die in den vorangehenden Kapiteln vorgeschlagenen Schritte durchgeführt haben und noch immer Hilfe in Modefragen brauchen, versuchen Sie eine (oder mehrere) der folgenden Alternativen.

Suchen Sie sich eine Freundin, die Ihnen hilft

Müssen wir hier «Freundin» für Sie definieren? Wir sprechen hier *nicht* von einer Frau, die eifersüchtig auf Sie ist, einer Frau, mit der Sie in Konkurrenz stehen, einer Frau, die Ihnen bei Ihren Bemühungen um Liebe, Diäthalten, beruflichen Erfolg Steine in den Weg legt, wenn Sie vielleicht auch vorgibt, Ihre Busenfreundin zu sein. Und suchen Sie sich keine Blutsverwandte aus. (Insbesondere keine Schwester – bei soviel emotionalem Gepäck bleibt nicht mehr genug Kraft, Einkaufstüten zu tragen!) Wer also kommt in Frage? Eine Frau, deren Meinung Sie respektieren, eine Frau, die sich gut anzieht, deren Stil Sie bewundern. Es ist nicht nötig, daß sie Ihnen körperlich ähnelt – Amy ist in dieser Hinsicht beinahe das Gegenteil von mir –, aber es könnte hilfreich sein. Wichtig ist, daß sie wirklich Ihr Bestes will, Ihr Vertrauen besitzt, nicht kleinkariert denkt und ein gutes Auge hat. Eine Begabung für Mode oder ein Hang in dieser Richtung wäre von Vorteil, und viele Frauen fühlen sich geschmeichelt, wenn sie um Rat gebeten werden.

Wenn Sie sich für jemanden entschieden haben, folgen hier ein paar Richtlinien, die Sie vielleicht im Hinterkopf behalten sollten:

Schlagen Sie vor, daß Ihr erster Ausflug allein der Erkundung dient – erklären Sie, daß Sie sich umschauen und Sachen anprobieren, aber nichts kaufen wollen. Das nimmt den Druck von beiden. Unsere Erfahrung ist, daß Frauen, die zusammen einkaufen gehen, getrennt zurückkommen. (Haben Sie gespürt, wie kalt der Wind da weht?) Lassen Sie sich nicht von der spontanen Begeisterung Ihrer Freundin überwältigen oder von ihrem Enthusiasmus mitreißen, Ihr Geld auszugeben.

Der Härtetest besteht darin, daß Sie *allein* in den Laden zurückkehren und das, was Sie ausgesucht haben, in aller Ruhe anprobieren, um sich zu vergewissern, ob Sie wirklich auf Gold gestoßen sind. (Übrigens ist man in vielen

Geschäften bereit, Kleidungsstücke für Sie zurück-
zulegen.) Doch vielleicht haben Sie keine Freundin, die
genug Zeit, Geschmack und den geeigneten Charakter
hat, Ihnen zu helfen. Was uns zur nächsten Option führt.

Suchen Sie sich eine Verkäuferin, der Sie vertrauen

Vergessen Sie nicht: Lächeln, Komplimente und freundliches Drängen von seiten einer Verkäuferin, die aus Ihrem
Kauf eine saftige Provision bezieht, sind nicht unbedingt
das Urteil, auf das Sie hören sollten. Jede *gute* Kleiderver-
käuferin weiß, daß ein leidenschaftlicher, doch bedauer-
licher modischer One-night-stand weniger wert ist als
eine stabile, langfristige Beziehung. Allerdings sind die
meisten Verkäuferinnen *nicht gut*. Denken Sie aber gleichfalls daran, daß zwar viele Verkäuferinnen ausschließlich
finanziellen Interessen gehorchen, es aber auch jene wenigen wirklichen Profis gibt, die in dieser Branche arbeiten,
weil sie schöne Kleider lieben. Diese Gesichtspunkte
schließen sich übrigens nicht gegenseitig aus. Bestimmen
Sie den wahren Wert einer Verkäuferin nach einer Reihe
von Kriterien. Stellen Sie sich folgende Fragen:

- Ruft sie «Das paßt ganz ausgezeichnet zu Ihnen!»,
  obwohl sie Sie vorher noch nie zu Gesicht bekommen hat? (Und schauen Sie hinter sich, ob da vielleicht eine andere steht, für die sie diese gelbe Jacke
  aus falschem Affenpelz hochhält?)

- Ist sie auf eine Art gekleidet, die Sie bewundern oder an der Sie sich gern ein Beispiel nehmen würden?
- Hilft sie Ihnen, oder drängt sie Ihnen eher etwas auf?
- Wirkt sie herablassend und hochnäsig, oder streicht sie schwanzwedelnd um Sie herum und überhäuft Sie mit Komplimenten?
- Hat sie Sie zuerst nicht beachtet, als Sie sich nach Hilfe umgeschaut haben?
- Schlägt sie Ihnen ein Outfit vor, in dem Sie sich großartig fühlen, oder steckt sie Sie in etwas, worin Sie sich vor Zweifeln winden?
- Lenkt sie Sie, obwohl Sie ein Limit vorgegeben haben, zu wesentlich teureren Artikeln?

Und auch hier können Sie sich schützen, indem Sie sich Zeit lassen. Kaufen Sie nicht einfach irgend etwas. Eine hilfsbereite, erfahrene Verkäuferin kann Ihnen beim Zusammenstellen einer Garderobe eine große Hilfe sein, doch wie bei jeder guten Beziehung entwickelt auch diese sich nicht über Nacht. Kehren Sie zurück und probieren Sie die von ihr vorgeschlagenen Sachen noch einmal an, am besten ohne sie. Erst danach sollten Sie einen Kauf in Betracht ziehen. Und was auch immer Sie beschließen, versuchen Sie das, was die Verkäuferin über Sie denkt, außer Betracht zu lassen.

Ich habe schon viel Hilfe durch Verkaufspersonal erfahren. Eine Verkäuferin eines bestimmten Kaufhauses ruft mich sogar an, wenn Artikel, die ich mag, im Sonderangebot sind. Kate, Verkäuferin bei Saks in Bal Harbour, Fifth Avenue, gewährte mir einmal einen nachträglichen Preisnachlaß, als Artikel, die ich gekauft hatte, direkt danach wesentlich günstiger als Sonderangebote ausgezeichnet wurden. Solche Hilfe ist natürlich etwas Tolles.

Suchen Sie sich einen Stylisten

Ein Modestylist arbeitet für Zeitschriften, Kataloge und die Werbebranche; er oder sie ist es, die den Look und das Image eines Models kreiert. Als Geheimwaffe von Make-up-Künstlern, Friseuren, Redakteuren, Designern und Fotografen sind Stylisten die unbesungenen Helden und Heldinnen des Modegeschäfts. Sie arbeiten natürlich nicht kostenlos.

Normalerweise werden Stylisten nicht für einzelne Konsumenten aktiv, doch für einen gewissen Preis haben Sie vielleicht Glück. Wie können Sie einen Stylisten finden? Rufen Sie bei einer Werbeagentur in Ihrer Stadt an. Rufen Sie in einem Kaufhaus an und fragen Sie nach, wer an der Anzeige oder dem Katalogbild beteiligt war, das Ihnen besonders gefallen hat. Hat ein Stylist daran mitgewirkt? Wer? Schreiben Sie einer Zeitschrift (Telefonnummern und Adressen sind im Impressum verzeichnet) und bitten Sie um Auskunft, welcher Stylist an dem Modefoto beteiligt war, das Ihnen aufgefallen ist. (Vergessen Sie aber nicht, daß nicht alles, was auf einem Foto gut aussieht, auch im wirklichen Leben das richtige ist.)

Suchen Sie sich einen persönlichen Einkaufsberater

Dies ist eine Art Kombination aus den beiden vorangegangenen Schritten. Die meisten besseren Warenhäuser stellen inzwischen Shopper ein, die einem bei allen Käufen behilflich sein können, von einem besonderen Weihnachtsgeschenk bis zur kompletten Garderobe. Dieser Service ist in der Regel kostenlos. Unglücklicherweise kann man seinen Shopper nicht immer selbst auswählen. Häufig wird er oder sie Ihnen zugewiesen, und obwohl Sie vielleicht um einen Tausch bitten können, stellt man Ihnen doch nicht die ganze Mannschaft vor. Persönliche Shopper erhalten in der Regel (aber nicht immer) ein festes Gehalt und werden nicht auf Provisionsbasis bezahlt. Es ist nicht unhöflich, sich nach der Art der Entlohnung zu erkundigen. Wenn Sie einen Shopper finden, der Sie reibungslos von einer Abteilung zur nächsten geleitet, die passende Strumpfhose zu den Schuhen findet und Ihre Vorstellung von sich selbst respektiert und verfeinert, haben Sie vielleicht bei Ihrer Stilsuche einen Leitstern gefunden. (Und wenn er oder sie Ihnen eine große Hilfe war, wäre vielleicht ein Trinkgeld angemessen.)

Suchen Sie sich eine Boutique mit einer Auswahl, die Sie anspricht

Meine Freundin Diana aus Washington hat in der Nähe ihres Büros einen Laden entdeckt, in dem beinahe jeder Artikel ihr steht. Es überrascht wohl kaum, daß die Besitzerin der Boutique Diana vom Körperbau her sehr ähnelt und ebenfalls den Teint einer südländischen Schönheit besitzt. Seit drei Jahren kauft Diana dort ein: «Achtzig Prozent meiner Garderobe stammen aus dieser Boutique», sagt sie.

Nicht jede kann soviel Glück haben. Ein Geschäft zu finden, wo Stil, Preise und die Auswahl den eigenen Bedürfnissen so sehr entsprechen, ist nicht einfach, doch oft ist ein kleiner Laden übersichtlicher und hat einen besseren Service als ein Einzelhandelsgigant. Zunächst einmal hat die Einkäuferin das neue Angebot einer jeden Saison schon vorselektiert. Zudem wird man auf Ihre Bitten und Nachfragen reagieren. Viele Boutiquen sind zu Einzelbestellungen für ihre Kunden bereit, und oft wird man dort notwendige Änderungen für Sie machen oder Ihnen eine Änderungsschneiderei empfehlen.

Falls alles andere fehlschlägt, gibt es schließlich immer noch die Strategie der Nachahmung.

Suchen Sie sich eine Frau, deren Stil
Sie bewundern

Wenn Sie wirklich nicht dahinterkommen, wie Sie gern aussehen und wie Sie gern sein würden, dann rufen Sie sich jemanden vor Augen, eine verstorbene oder lebende, berühmte oder unbekannte Person, deren Stil und Persönlichkeit Sie bewundern. Sie muß nicht aus Ihrem Bekanntenkreis stammen. Christian Louboutin ist sogar der Meinung: «Sie sollten nie versuchen, wie Ihre beste Freundin oder Ihre Tochter auszusehen.» Aber vielleicht käme Audrey Hepburn für Sie in Frage, Grace Kelly, Janis Joplin, Roseanne, Diana Ross, Cindy Crawford, Cher, Ihre Lieblingstante oder gerade Ihre schärfste Konkurrentin beim Job. (Amy sagt, für sie sei Barbie der wichtigste Einfluß gewesen.)

Beobachten Sie sie, lernen Sie von ihr (aber lassen Sie sie nicht wissen, was Sie im Sinn haben; vielleicht wäre sie eher verärgert als geschmeichelt). Es ist empfehlenswert, sich als Stilmodell eine Frau zu suchen, die einem von Körperbau und Typ her in etwa entspricht. Und vergessen Sie nicht, diese Technik ist eine provisorische Lösung, nichts Definitives. Doch als *Homo sapiens* lernen wir auch durch Nachahmung. Imitieren Sie einen Stil, bis Sie Ihre Unsicherheit überwunden haben und es aus eigener Kraft schaffen.

KLEIDERPROBE

oder

**Beim Anziehen am Morgen hat
es mir noch gefallen**

Für den Anfänger gibt es viele Möglichkeiten,
für den Fortgeschrittenen jedoch nur wenige.

D. T. Suzuki

Okay. Inzwischen haben Sie aus Ihrem Kleiderfundus oder mit ein wenig zusätzlicher Hilfe eine, wie wir es nennen, Basisgarderobe zusammengestellt. Gestützt auf Ihre Innenschau, die kritische Betrachtung im Spiegel und die furchtlose Expedition in Ihren Kleiderschrank, haben Sie eine Garderobe zusammengetragen, die aus Ihren liebsten und kleidsamsten Stücken besteht. Und nun ist es Zeit für einen Probelauf, denn vielleicht stellen Sie genau wie ich damals fest, daß ein paar der von Ihnen ausgewählten Sachen dennoch nicht das richtige sind.

Das Tragegefühl in Ihrer Lebenssituation, darauf kommt es nun an. Hier haben wir es nach fünf Kriterien unterteilt:

- Wohlbefinden (noch einmal!)
- Empfindlichkeit / Pflege
- Tragbarkeit
- Angemessenheit
- Sitz

Um Ihnen bei Ihrem Urteil zu helfen, haben wir eine Bewertungskarte entworfen, die Ihnen gestattet, jedes Ihrer Outfits rasch nach diesen Kriterien zu benoten. Wir verwenden die alte 1 – 10-Skala, wobei 1 so unbequem ist wie ein Kostüm aus dem elisabethanischen Zeitalter (einschließlich Halskrause) und Sie sich in 10 so wohl fühlen wie damals in Ihrem Nicki-Kinderschlafanzug. Alles, was eine Wertung von 5 oder schlechter erhält, sollten Sie noch einmal kritisch betrachten und – falls Sie es nicht über alle Maßen lieben – vielleicht beiseite legen.

Und so gehen Sie bei der Bewertung vor: Machen Sie ein paar Fotokopien des Bewertungsformulars und beschriften Sie jede oben mit dem Outfit, das Sie tragen werden. Dann sollten Sie mindestens zweimal am Tag (vor dem Mittagessen und bevor Sie es ausziehen) beurteilen, wie Sie sich in Ihren Kleidern fühlen. Berechnen Sie nun den Mittelwert. Jedes Outfit, dessen Durchschnitt unter 5 liegt oder das bei einem einzelnen Kriterium unter 3 erhalten hat, sollten Sie wahrscheinlich aus Ihrer Garderobe entfernen.

Stil mit Gefühl
Bewertungskarte

Outfit

Kriterium	Punkte (1–10)				
Wohlbefinden	vormittags		abends		Behalten
Empfindlichkeit / Pflege	vormittags		abends		
Tragbarkeit	vormittags		abends		Verwerfen
Angemessenheit	vormittags		abends		
Sitz	vormittags		abends		

Wohlbefinden

Amy definiert ein Outfit, in dem sie sich «wohl fühlt», so, daß sie, wenn sie es anzieht, «bis zum Ausziehen nicht mehr daran denken muß». Mit dieser Definition komme ich gut zurecht. Amy hat zum Beispiel zwei prachtvolle Armbänder, die sie im Sommer häufig trägt. Jedes sieht so aus, als bestünde es aus Hunderten von winzigen Muschelschalen. Das Geraschel und das Gewicht am Handgelenk würden mich verrückt machen. Und damit stehe ich nicht allein da. Die Designerin Mary McFadden verabscheut mehr als alles, «wenn Frauen klimpernde Armbänder tragen». Amy jedoch liebt sie und hat noch nie anders als mit Bewunderung an sie gedacht. Meine Freundin Diana erträgt keine Wollsachen auf ihrer über-empfindlichen Haut, ich dagegen finde Wolle nicht nur bequem, sondern richtig gemütlich. Da Wohlbefinden (wie in Kapitel 5 dargelegt) im Kopf des Bekleideten entsteht, nicht jedoch in der Kleidung selbst angelegt ist und auch nicht einer Regel in diesem Buch folgt, schlagen wir Ihnen vor, jedes der von Ihnen ausgewählten Outfits einem Gebrauchstest zu unterziehen, um sicherzugehen, daß *Sie* sich darin auch wirklich wohl fühlen.

Empfindlichkeit / Pflege

Man braucht keinen Doktortitel in Ökologie, um zu wissen, daß die Welt für Weißseidenes ein schwieriger Ort ist. Mit Ihrer verschlankten Garderobe werden Sie sich arm, nackt und beraubt vorkommen, wenn Ihre Kleider nicht verfügbar, sondern ständig in der Reinigung sind. Wie leicht ein Kleidungsstück sauberzuhalten und zu pflegen ist, wird von vielen Faktoren bestimmt. Weiß-, Creme- und Pastelltöne lassen Schmutz eher erkennen, während dunkle Farben Fusseln anziehen. Auf synthetischen Stoffen bleiben Flecken zurück, weiße Seide dagegen vergilbt mit der Zeit (und nicht nur unter den Armen). Wenn ein Kleidungsstück die meiste Zeit in der Reinigung oder in Ihrem Wäschekorb verbringt, dann ist es für Sie vielleicht einfach nicht brauchbar. In diesem Zusammenhang sei auch die Knitteranfälligkeit erwähnt. Manche Stoffe legen sich sofort in Knautschfalten, sobald man sie nur anzieht. Abgesehen von Naturleinen sehen die meisten zerknittert nicht gut aus. Meine Lektoratsassistentin Nancy las den Entwurf dieses Buches und kaufte sich kurzentschlossen vier weiße Baumwollblusen – ihr liebstes Kleidungsstück. Dann stellte sie aber fest, daß sie zu lange herumlagen und darauf warteten, gewaschen und gebügelt zu werden. Inzwischen trägt sie wieder ihre alten Wirkwaren.

Tragbarkeit

Können Sie Ihre Kleidungsstücke so tragen, wie sie gemeint sind? Falls sie Taschen haben (ein Muß bei meinen Kleidern), sitzen die vielleicht für Ihre Hände zu hoch oder zu tief? Falls Sie ein vorn geschlitztes Kleid tragen, müssen Sie die Beine wie eine gedrehte Kordel umeinander schlingen, damit man Ihnen nicht in den Schritt schaut? (Dabei gehe ich davon aus, daß Sie nicht auf Einblicke à la Sharon Stone stehen.) Der Kragen ist vielleicht schmeichelhaft hoch und steif, können Sie darin aber noch atmen? Und wenn Ihre Taille so attraktiv eingeschnürt ist, fühlen Sie sich da vielleicht wie das Mädchen, das in der Zaubervorstellung in zwei Teile zersägt wird? Wenn Sie sich vorbeugen, um Ihre Katze auf den Arm zu nehmen, schreit dann die Naht am Po um Gnade?

Ihre Kleider sollten sich *mit* Ihnen bewegen, nicht gegen Sie, während Sie Ihren Alltagsgeschäften nachgehen. Ob verspielt oder schlicht, solange sie die praktische Anforderung erfüllen, Sie da zu bedecken, wo Sie bedeckt sein wollen, und Ihnen Freiraum für Ihre Bewegungen zu lassen, wo Sie sich bewegen wollen, sollten sie in Ihrem Kleiderschrank bleiben. Andernfalls seien Sie gnadenlos.

Angemessenheit

Wie bereits in Kapitel 1 erklärt, ist ein Outfit, das für eine Kellnerin in einer Cocktailbar ganz in Ordnung wäre, vielleicht nicht das richtige für die Lehrerin einer siebten Klasse einer Jungenschule (wenngleich die *Jungs* vielleicht auch nichts dagegen hätten). Vielleicht lieben Sie diesen luxuriösen Nerzmantel, der Sie ein kleines

Vermögen gekostet hat, aber – Tierschutz einmal beiseite – wenn Sie ihn als Sozialarbeiterin bei der Arbeit
tragen, könnten Sie nun doch den einen oder anderen
der Ihnen Anbefohlenen vergrätzen, ganz zu schweigen
von Ihrem Chef. Vielleicht haben Sie ein paar Kleider, die
bei der Arbeit oder für Treffen mit Freunden zu altmo-
disch sind, für Einladungen bei den Schwiegereltern
oder einen Besuch in der von Nonnen geleiteten Ober-
schule Ihrer Nichte aber angemessen.

Kleider machen nicht die Frau, aber sie können ihr
Ansehen am Arbeitsplatz kaputtmachen. Ich kenne eine
Frau, die hervorragende Arbeit leistet; sie war in einer
größeren gemeinnützigen Stiftung Vorstandsvorsitzende.
Als die jährliche Bewertung ihrer Arbeit anstand, erhielt
sie von allen Vorstandsmitgliedern die Bewertung «ausgezeichnet» für ihre Leistung, doch gleichzeitig kriti-
sierten sie, daß es ihren Schlabberklamotten im Sech-
ziger-Jahre-Stil «an Professionalität fehle». Das beein-
trächtigte auch ihre Gehaltserhöhung. Sie war völlig
überrascht. Sie hatte nie daran gedacht, daß das irgend
jemandem auffallen könnte.

Wenn wir also über Angemessenheit reden, geht es
hier nicht nur um Ihre *eigene* Meinung; es geht auch um
die Zustimmung im Auge des Betrachters. Seien Sie für
Ihre eigene Wirkung und die Art, wie andere Sie wahr-
nehmen, empfänglich. Wenn Sie dann beschließen, sich
über die Meinung der anderen hinwegzusetzen wie die
oben erwähnte Frau, sollte Ihnen bewußt sein, daß Sie
einen Preis dafür zahlen.

Sitz

Amy hat ein Lieblingsfoto aus dem alten Hollywood, das die Schneiderpuppensammlung der Kostümabteilung eines Studios zeigt, jede Puppe von anderer Form und Größe und jeweils mit dem Namen eines Stars versehen. Bei den meisten dieser Puppen sind an manchen Stellen Polster aufgebracht worden, die den Wandlungen der Körperfülle dieser tonangebenden Damen entsprachen. Was auch immer sie wogen, wenn sie einmal angezogen waren, sahen diese Stars vergangener Tage stets verführerisch aus, dank der einfallsreichen, von findigen Kostümbildnern durchgeführten Änderungsschneiderei.

Wenn Sie sich eine Frau mit Stil genau anschauen – ob nun in einem der klassischen Schwarzweißfilme oder im echten Leben –, dann werden Sie etwas noch Subtileres feststellen als die Qualität ihrer Kleidung und die Natürlichkeit, mit der sie sie trägt. Einer der entscheidenden Gründe, warum sie sich so wohl in ihrer Haut fühlt, ist der, *daß ihre Kleider wirklich richtig sitzen.* Ich habe mich oft gefragt, womit Frauen, die fünfstellige Beträge für die Kleider französischer Couturiers bezahlen, diese Ausgabe wohl begründen mögen (abgesehen von der Tatsache, daß ein solcher Betrag nur einen verschwindend kleinen Anteil ihres milliardenschweren Bankkontos ausmacht). Nun, ich habe mit einigen von ihnen gesprochen, und diese bestgekleideten Frauen erklären jedem Zuhörer bereitwillig, es gehe einfach nichts über eine auf den Leib geschneiderte Jacke oder ein ebensolches Kleid.

Standardisierte Größen passen niemandem, außer vielleicht der Schneiderpuppe irgendeines Modedesigners.

Sie sind keine Puppe. Kleidergrößen sind einfach ein Schätzwert. Sie stehen für keinen konkreten Körper und gewiß nicht für den Ihren. Und so empfehlen wir Ihnen aus ganzem Herzen, alles, was Sie kaufen, außer diesen Stretchwaren, die sich jedem Körper anpassen, entweder eigenhändig Ihren Maßen entsprechend abzuändern oder dies von einer Freundin oder Änderungsschneiderin tun zu lassen. Viele Boutiquen und Kaufhäuser haben dafür jemanden eingestellt (manchmal – wenn auch nicht oft genug – ist dieser Service kostenlos). Andernfalls kann man Sie häufig an eine gute Schneiderin verweisen. Auch in Reinigungen wird meist ein Näh- oder Änderungsservice angeboten. Es ist teuer, aber die Sache wert.

Ein gutsitzendes Outfit ist besser als drei schlechtsitzende. (Das bedeutet übrigens nicht, daß Sie einfach irgendein altes Kleidungsstück kaufen und entsprechend Ihrer Figur ändern lassen können. Oft lassen sich Ärmel nicht verlängern, der Rocksaum kann nicht ausgelassen werden, oder die Taille sitzt einfach zu hoch und läßt sich nicht nach unten verschieben.) Ein Kleidungsstück sollte also schon einigermaßen sitzen, bevor Sie es ändern lassen.

Viel zu oft schon hat Amy ein Kleidungsstück, ohne das sie nicht leben zu können meinte, ändern und wieder ändern lassen, um dann doch feststellen zu müssen, daß sie es nie trug, weil es, wie sehr sie sich auch darum bemühte, einfach nicht perfekt sitzen wollte. Ich meinerseits habe nie einen Blazer gekauft, dessen Ärmel ich nicht kürzen lassen mußte – denn paßten die Ärmel, sah ich aus, als wäre ich in den Mantel meines Großvaters geschlüpft! (Kein Wunder, daß die Prêt-à-porter-Mode bei den Stretchstoffen sofort zugegriffen hat – die entschärfen das Problem ganz gewaltig.)

Und nun?

Uff, na endlich! Nach diesem Probelauf und Ihrer abschließenden Bewertung sollten Sie sich mit Ihrer Auswahl ziemlich wohl fühlen. Erinnern Sie sich, daß wir Ihnen zu Beginn unseres Büchleins versprochen hatten, Sie könnten in dessen Verlauf sogar zu etwas Geld kommen? Jetzt ist es soweit. Ihre finanzielle Belohnung entspringt zwei verschiedenen Quellen, und vielleicht sammeln Sie ja auch ein paar Punkte für die Seele.

Es ist Zeit für Sie, sich die Kartons und Tragetaschen mit Aussortiertem wieder vorzunehmen. Jetzt kommt der Abschied. (Ja, endgültig und unwiderruflich.) Aber wo Sie nun eine so schöne Garderobe besitzen, tut das doch kaum noch weh, oder? Sortieren Sie Ihren Stapel in gute Stücke für Secondhandläden, in Kleidung, die sich noch auf einem Flohmarkt verramschen läßt, und geben Sie den Rest einer Wohltätigkeitsorganisation wie der Caritas oder dem Roten Kreuz. Vielleicht werden Sie staunen, wieviel Geld sich aus den ersten beiden Stapeln herausschlagen läßt.

Zögernd brachte ich ein paar der besseren Designerklamotten in einen Secondhandladen, weil sie mir zu meinem großen Leidwesen inzwischen zu klein waren.

Nicht nur griff der Ladenbesitzer sofort zu, er bat mich außerdem, ihm auch noch den alten Koffer zu verkaufen, in dem ich die Kleider transportiert hatte!

Was den Stapel zum Verschenken angeht, so habe ich drei große Kartons mit Altkleidern an soziale Organisationen abgegeben, während Amy einen Lastwagenkonvoi zum Metropolitan Museum of Art's Costume Institute auf den Weg brachte. (Dies zum Unterschied zwischen uns in puncto Geschmack, Beziehungen und Budget!)

Nun haben Sie also ein paar gute Werke getan und vielleicht sogar einen kleinen Profit an Land gezogen. Darauf haben Sie doch nur gewartet! Sie halten Bares in Händen. Wie wär's mit Shopping?

Nun stopfen Sie bloß nicht all Ihre Kleiderschubladen wieder voll. Wenn es hier darum ginge, Sie auf dem ewigen Hamsterlaufrad der Mode zu halten, wäre dies genau der Punkt, um wieder aufzuspringen. *Aber darum geht es hier nicht!* Na klar, ich war in Versuchung. Da hatte ich dieses Seiden-Outfit gesehen, reduziert und mit meinem Namen drauf. Und ich hatte mit dem Verramschen meiner Klamotten etwas über zweihundert Dollar verdient. Doch das Stück paßte zu keinem meiner anderen Kleider und stand auch nicht auf der Liste der Dinge, die ich brauchte. Ich habe es anprobiert – zweimal – und verließ schließlich ohne Einkaufstüte den Laden. Und wie also *sollen Sie* von nun an Kleider kaufen? Blättern Sie um und lesen Sie weiter.

SHOPPING
oder
Das gefährliche Spiel

Wer die wenigsten Dinge begehrt,
ist den Göttern am nächsten.

Sokrates

Wir alle haben Sünden zu beichten: Einkaufssünden. Der teuerste Fehler, den ich je begangen habe, war ein lavendelfarbener Lederanzug. Jetzt dürfen Sie mich auslachen. Ich habe es verdient. Über diesen Anzug habe ich Tränen vergossen. Er war so weich wie Rosenblüten und von einem unverschämten Preis auf neunundneunzig Dollar herabgesetzt. Ich hatte weder das Geld übrig noch eine Gelegenheit, bei der ich den Anzug hätte tragen können, noch stand mir die Farbe. Doch an jenem Tag wollte ich ihn unbedingt haben, er war so erlesen und ein solches Schnäppchen! Um fünfundsiebzig Prozent reduziert in Neimann Marcus' berüchtigtem «last call». Die Verkäuferin sagte mir, er sei fantastisch, und sie hatte recht. Er war fantastisch für sie, wenn sie ihn verkaufen konnte.

Den Rest kennen Sie. Ich kam nach Hause. Die Erregung wich, während das Jagdfieber sich in Reue verwandelte. Ich probierte ihn zu Hause an und merkte, daß ich darin lächerlich aussah. Doch das ließ sich hoffentlich in Ordnung bringen. Wenn ich nur die richtigen Schuhe fand, vielleicht ein paar Pfund abnahm und mein Make-up änderte. (Ganz zu schweigen von meiner Größe, meinem Gesicht und meinem Lebensstil in Verbindung mit meiner Lebenseinstellung.) Niemals habe ich den lavendelfarbenen Anzug getragen. Ich konnte noch nicht einmal eine

Freundin finden, der ich ihn hätte *schenken* können. Die einzige Verwendung, die ich je für ihn hatte, war, ihn in meinem Roman «Der Club der Teufelinnen» in den Kleiderschrank einer der Protagonistinnen zu hängen.

Linda, meine Freundin in Florida, die viele Jahre lang Besitzerin eines Kleiderladens war, weiß beinahe alles übers Einkaufen. Und doch berichtet sie mir, gelegentlich öffne selbst sie ihren Kleiderschrank und müsse feststellen, daß Sybil, das Alter ego ihrer offensichtlich multiplen Persönlichkeit, hinter ihrem Rücken Sachen gekauft habe. Sie glaubt, daß jede Frau eine Sybil in sich hat, die sie dazu treibt, Kleider zu kaufen, die einfach nicht hinhauen. Aber ich glaube, daß man Sybil von vornherein mit einkalkulieren kann.

Um gräßliche Fehler zu vermeiden, zusätzliche Ausgaben und Zeitverschwendung und damit Sie nicht all die Arbeit und Mühe zunichte machen, die Sie darauf verwendet haben, Ihren Kleiderschrank aufzuräumen und sich einen persönlichen Stil zuzulegen, brauchen Sie beim Kleiderkaufen Selbstkontrolle. Da wir Amerikaner darauf abgerichtet sind, Shopping als Freizeitsport zu betreiben, widerspricht das jedem unserer Instinkte und all unseren heiligsten Glaubensgrundsätzen. Was wir Ihnen jetzt sagen, wird uns den größtmöglichen Unmut der «Mode-Raffkes» einbringen. Sei's drum. Zugegeben, es ist nicht leicht, aber es ist möglich, mit dem Kaufrausch zu brechen. Und es ist *unmöglich*, einen Stil zu entwickeln und zu behalten, wenn man sich ständig von Schnäppchen und Impulskäufen in Versuchung führen läßt.

Wenn Ihnen an Ihrem fantastischen neuen Look etwas liegt und Sie ihn behalten wollen, sollten Sie zukünftig die folgenden acht Shoppingregeln beherzigen:

- Gehen Sie niemals shoppen, wenn Sie frustriert sind!
- Gehen Sie nur shoppen, wenn Sie etwas Bestimmtes suchen!
- Führen Sie eine Liste der Dinge, die Sie brauchen!
- Gehen Sie nicht allein zum Kleiderkaufen!
- Gehen Sie nicht in falscher Begleitung shoppen!
- Hüten Sie sich vor Sonderangeboten!
- Meiden Sie extreme Trends!
- Hände weg von billigem Glitzerkram!

Gehen Sie niemals shoppen, wenn Sie frustriert sind

In Zwölf-Punkte-Anti-Sucht-Programmen wie dem der Anonymen Alkoholiker gibt es ein wohlbekanntes und oft zitiertes Buchstabenwort: HALT. Es steht für «*Hungry, Angry, Lonely* und *Tired*».* Die Betroffenen erhalten den Rat, sich zu zügeln, wenn sie eines dieser vier Gefühle empfinden. Kaufsüchtige sollten sich an dieselben Regeln halten. Zu viele Frauen gehen einkaufen, um in bessere Stimmung zu kommen, statt sich der Frage zu

---

* Hungrig, wütend, einsam und erschöpft. A. d. Ü.

stellen, warum sie so mies drauf sind. Als Sie das letzte Mal von einer Einkaufstour zurückkamen – mit überquellenden Einkaufstüten, aber noch immer unbefriedigt –, hatten Sie da nicht eigentlich etwas anderes gesucht als ein weiteres Paar mitternachtsblauer Sandaletten mit Pfennigabsatz? Vielleicht hätten Sie *in Wirklichkeit* eher eine Massage gebraucht oder einen netten Abend mit Ihrem Partner im Bett. Oder vielleicht sind Sie nervös und haben Schuldgefühle, weil Sie eigentlich längst Ihre Mutter hätten zurückrufen müssen. Oder vielleicht haben Sie sich über die ungerechte Kritik geärgert, die Sie bei der Arbeit einstecken mußten. Nehmen Sie sich die Zeit, sich darüber klarzuwerden, was Ihnen eigentlich zu schaffen macht, bevor Sie sich dem Kaufrausch hingeben. (Und bedenken Sie: Nach der Spielsucht ist zwanghaftes Kleidershopping die *zweitteuerste* Möglichkeit, seine Stimmung durch Suchtverhalten aufzuhellen.) Sie werden niemals einen persönlichen Stil finden, wenn Sie das Einkaufen als Ersatzbefriedigung benutzen.

Wenn Sie feststellen, daß Sie das Shopping tatsächlich in diesem Sinne einsetzen und nicht damit aufhören können, so sollten Sie eine Therapie in Erwägung ziehen, ein Anti-Sucht-Programm, ernstliches Nachdenken über das, was in Ihrem Leben fehlt, spirituelle Unterweisung, ein neues Hobby oder (wenn gar nichts hilft) den Kauf anderer Dinge.

Gehen Sie nur shoppen, wenn Sie etwas Bestimmtes suchen!

Wenn man aufs Geratewohl loszieht, kauft man auch aufs Geratewohl ein. Sie wissen schon, was ich meine: ein Umschlagtuch, das Sie wunderschön finden, das aber zu nichts in Ihrer Garderobe paßt, ein Kleid, für das Sie keine Schuhe haben und das unter keinen Ihrer Mäntel geht. Genau so beginnt ein Kaufrausch. Kara, eine Freundin in Florida, kaufte einmal ein Paar aquafarbener Wildlederhandschuhe (stark reduziert, beinahe umsonst!) und fühlte sich plötzlich dazu verurteilt, ein dazu passendes Kostüm, eine Handtasche, Pumps usw. zu erwerben. Das alles gipfelte im Kauf eines weißen Nerzmantels mit einem Saum aus aquafarbener Seide! Ein weißer Nerz! Und vergessen Sie nicht, Kara lebt in Florida.

Meine Londoner Agentin andererseits, die gertenschlanke Karen Duffy, ist eine so kontrollierte Shopperin, daß sie sogar auf einem langweiligen Wohltätigkeitsbasar oder in einer Grabbelkiste ihr perfektes Kleidungsstück findet. Keiner kann so ein Outfit zusammenstellen wie sie, und sie behält fast immer einen kühlen Kopf, selbst wenn etwas sie in Versuchung führt.

Wie können Sie diesem Vorbild nacheifern? Wenn Sie der Versuchung eines Impulskaufs zu erliegen drohen, führen Sie sich vor Augen, daß Sie nur den «Mode-Raffkes» gehorchen, den Boutiquen und Kaufhäusern, den Werbekampagnen und natürlich Ihren eigenen Ängsten. Wenn ein authentischer persönlicher Stil Selbstausdruck durch Kleidung ist, dann wird er, wie jede künstlerische Ausdrucksform, durch Disziplin, Kontrolle und Gleichgewicht erreicht. Wenn in Ihrem Kleiderschrank also etwas fehlt – ein wunderschöner, kleiner schwarzer Hänger ersetzt werden muß, ein neues Paar warme Hosen ansteht oder kälteres Wetter einen dickeren Mantel erforderlich macht (oder wärmeres einen dünneren), dann ist wichtig, daß Sie dieses Bedürfnis definieren, *bevor* Sie nach seiner Erfüllung streben. Auch kluge Models wissen das, so das Covergirl Veronica Webb: «Ich gehe nie in einen Laden, wenn ich nichts Bestimmtes suche. Sonst wird man ja noch verrückt.»

Gehen Sie also nicht zum Zeitvertreib einkaufen, sondern mit einem genau definierten Ziel im Kopf. Ziele, die wir als genau definiert und legitim anerkennen, sind zum Beispiel:

Ein Billigprodukt gegen ein besserwertiges austauschen
Qualität ist durch nichts ersetzbar. Ein gut gearbeitetes Kleidungsstück aus schönem Stoff sieht nicht aus wie ein billiges, und gute Arbeit und feine Stoffe lassen sich einfach nicht vortäuschen. Folgen Sie der Maxime von Amys Freundin Babs, einer Moderedakteurin im Ruhestand: «Kaufen Sie weniger, aber dafür das Beste.» Mit «das Beste» meinen wir das Beste, was Sie sich vernünftigerweise leisten können. Bedenken Sie, wenn Sie die Wahl zwischen zehn billigen, scheußlichen Kostümen und vier guten haben, sind Sie mit letzteren besser bedient. Amys Freundin Joanne gab, bevor sie ihre erste

gutbezahlte Stelle nach dem Examen antrat, ihr ganzes Abschlußgeschenkgeld für drei Kostüme von Chanel aus – *sonst nichts*. Sie trug sie immer wieder. Sie sahen großartig aus und Joanne ebenso.

Ein Stück Grundgarderobe kaufen, das in Ihrem Kleiderschrank fehlt

Als ich die Forschungsreise in meinen Kleiderschrank unternahm, merkte ich plötzlich, daß ich Opfer eines sonderbaren Phänomens war: Ich hatte fünfundzwanzig Blazer und Blusen, die recht gut aussahen, aber praktisch nichts für meine untere Körperhälfte! Kein Wunder, daß mein Kleiderschrank voll war und ich trotzdem nichts zum Anziehen hatte. Nachdem ich das Muster einmal erkannt hatte, war mir auch der Grund dafür klar: Ich *mag* meinen Oberkörper und kauf gern dafür ein. Von meinen Hüften und Schenkeln kann ich das nicht behaupten. Nach dieser Erkenntnis verstand ich auch, warum ich immer so große Schwierigkeiten hatte, mich fertigzumachen. Es fehlte einfach immer die Hälfte. Ich beschloß also, loszugehen und mir mehrere Hosen und einen Rock für gute Gelegenheiten zu kaufen. Dabei war es äußerst interessant, daß ich mich – trotz meiner neuen Erkenntnis – *noch immer* zu Blusen, Blazern und Pullovern hingezogen fühlte. Ich mußte mich dazu zwingen, mich auf die Artikel zu konzentrieren, die ich *brauchte*, und nicht auf die, die ich *wollte*.

Ein bewährtes Stück ersetzen

An Winterwochenenden lebt Amy praktisch in Rollkragenpullovern, aber die, die sie früher besaß, waren irgendwie nie ganz richtig. (Der Hals war zu weit, die Wolle kratzig oder die Ärmel zu kurz.) Und so schaffte sie sich letztes Jahr alle vom Hals und ersetzte sie durch einen einzigen, perfekten schwarzen Rollkragenpullover aus Kaschmir (der soviel kostete wie all die anderen zusammen!). Wenn Sie ein nützliches Kleidungsstück in Ihrer Garderobe haben und es sich leisten können, es durch eine bessere Qualität zu ersetzen, so ist das genau die richtige Ausgabe Ihrer Shoppinggroschen.

Ihre reduzierte, häufiger getragene Garderobe bringt ein neues Problem mit sich: Kleidungsstücke, die Sie lieben, sind irgendwann verschlissen. Das bricht einem das Herz! Eine gemeinsame Freundin hat versucht, das zu umgehen: «Als ich meinen Schrank durchging, fand ich Sachen, die mir großartig standen, aber die hatte ich immer weggehängt, weil ich sie noch schonen wollte!»

Neigen *Sie* auch dazu, Ihre Sachen zu horten? Würden Sie eine alte verknautschte Strickjacke tragen und die schöne für «bessere Gelegenheiten» weglegen? Tun Sie das nicht! Ich weiß, mit dieser Gewohnheit läßt sich schwer brechen. Doch bedenken Sie, das hier ist keine Kostümprobe. Es ist Ihr Leben! Und falls das noch nicht reicht, will ich Ihnen die Geschichte meiner Großmutter erzählen: Wann immer sie ein Geschenk erhielt, das ihr besonders gut gefiel, legte sie es «für später» beiseite.

Nach ihrem frühen Tod mußten ihre anderen Enkel und ich uns durch Kleiderschränke und Schubladen voll wunderschöner Dinge hindurcharbeiten, die Nana «für später» aufgehoben hatte. Es hat uns die Tränen in die Augen getrieben. (Hey, hallo, jetzt können Sie Ihre Augen wieder trocknen – es ist Zeit, daß Sie Ihre Sachen auftragen und sich neue besorgen.)

Akzeptieren Sie also, daß alle Ihre Kleider schließlich gute Kleider sein werden und daß Sie sie genießen und nutzen sollen – sowohl ausnutzen als auch abnutzen. Wir haben aber einen Tip für Sie: Wenn wir etwas finden, was uns sehr gut gefällt und noch lange das richtige für uns sein wird, dann legen Amy und ich uns einen Vorrat davon zu: eine mattolivgrüne Strumpfhose, die ich mit Schuhen derselben Farbe trage, besitze ich mehr als ein dutzendmal. (Beide werde ich nie wieder finden!) Und Amy hat zwei Paar lacklederne «Regenstiefel» mit flachem Absatz. Sie werden nicht mehr hergestellt, und am liebsten hätte sie noch ein drittes Paar. Doch auch bei guter Pflege und Vorratswirtschaft sind Kleider eben irgendwann einmal abgetragen. Das bedeutet, daß Sie Ihr marinefarbenes Mantelkleid aus Wolle oder Ihr schwarzes Kostüm irgendwann werden ersetzen müssen und dann ganz zu Recht losziehen, um etwas Neues zu kaufen. Nur dürfen Sie sich dabei nicht aus dem Konzept bringen lassen und das marineblaue Mantelkleid durch ein bodenlanges magentarotes Abendkleid aus Satin ersetzen! (Es sei denn, Sie haben vor, Ihren Look ebenso wie Ihr Leben umzumodeln und Schnulzensängerin zu werden.)

Führen Sie eine Liste der Dinge, die Sie brauchen!

Frei nach einem Satz von P. J. O'Rourke: Mit einer goldenen Kreditkarte in der Tasche ziellos in ein Kaufhaus zu gehen ist für eine Frau eine genauso gefährliche Kombination wie ein Autoschlüssel und ein Sechserpack Bier für einen Jugendlichen. Daher gewöhnte ich mir nach dem Ausmisten meines Kleiderschranks an, eine Liste benötigter Dinge zu führen: *Sachen, bei denen ich mir sicher war, daß ich sie brauchte und auch tragen würde.* Irgendwann letzten Winter sah meine Liste zum Beispiel so aus:

Schwarzer, extraleichter Blazer aus Wollstoff (Zweireiher?)
Schwarze, bequeme Seidenhose
Braune Schultertasche aus Leder (passend zum braunen Mantel)
Schicke Gummistiefel (nirgends zu finden!)

Ich stellte fest, daß es hilfreich ist, eine Vorstellung von Stil und Farbe des benötigten Kleidungsstücks zu haben, daß es aber nicht immer möglich ist, genau das Gewünschte zu finden, und daß man dann Abstriche machen muß. Außerdem finde ich es nützlich, ein Muster oder einige Fäden in den wichtigsten Farben der Kleidungsstücke dabeizuhaben, zu denen ich etwas Passendes kaufen möchte. Vermeiden Sie aber auf jeden Fall, Sachen zu kaufen, die nicht auf Ihrer Liste stehen.

Und was machen Sie, wenn Sie einen fantastischen Pullover sehen, der genau die richtige Farbe hat und mit jeder einzelnen Jeans und Hose in Ihrem Besitz einfach toll aussähe? Und *außerdem* ist er auch noch um die Hälfte herabgesetzt. Jetzt werden Sie mir böse sein, aber ich sage Ihnen, lassen Sie ihn hängen. Tief in Ihrem Innern wissen Sie genau, daß er in drei von vier Fällen *nicht* zu Ihren Hosen paßt, wenn Sie ihn nach Hause bringen, oder Sie legen ihn auf einen riesigen Pulloverstapel und tragen ihn nur einmal im Jahr. Sie *haben* doch schon einen Pullover, oder auch zwei oder drei (oder ein Dutzend, wenn Sie die Anweisungen hier nicht befolgt haben), und das genügt Ihnen völlig. Andernfalls sollte der Pullover ohnehin auf Ihrer Liste stehen, stimmt's?

Wenn aber der absolute Notfall angesagt ist, wenn Sie etwas sehen, was so vollkommen ist, so großartig, ein solches Schnäppchen, daß Sie denken, es wird Ihr Leben verändern und ohne das Teil müssen Sie sterben ... dann kaufen Sie es *nicht*. Aber Sie können die Sache noch in der Schwebe lassen. Das ist ein Kompromiß. Bestehen Sie auf genug Zeit zum Abkühlen. Lesen Sie dieses Buch noch einmal, schlafen Sie darüber, betrachten Sie Ihren schlanken, wunderbaren Kleiderschrank und fragen Sie sich, ob Sie das Teil wirklich *brauchen*. Dann legen Sie fest, welche von Ihren Sachen Sie aussortieren, falls Sie das neue Kleidungsstück tatsächlich kaufen.

Wenn das alles nichts hilft, so wünschen Amy und ich Ihnen, daß Sie mit Ihrer Neuerwerbung glücklich werden. Wir haben jedenfalls unser Bestes getan.

Gehen Sie nicht allein zum Kleiderkaufen!

Diese Regel gilt nicht für alle Menschen – Amy kauft immer allein ein. Aber keine Frau sollte allein auf Shoppingtour gehen, wenn sie gelangweilt oder deprimiert ist, ihren Job verloren oder sich vor kurzem von ihrem Mann getrennt hat. Es ist wie mit dieser alten Regel fürs Einkaufen im Supermarkt: Niemals einkaufen gehen, wenn man Hunger hat.

Während meiner Recherchen für «Die Rache der Frauen» stellte ich fest, daß man die Kaufsüchtigen daran erkennen konnte, daß sie Tag für Tag im Einkaufszentrum auftauchten, und – wie bei richtigen Trinkern – sie kauften *immer* allein.

Gehen Sie nicht in falscher Begleitung shoppen!

Schon gut, das klingt wie ein Spruch von Ihrer Mutter, aber wenn sie Ihnen das wirklich gesagt hat, dann hatte sie dieses eine Mal recht. Meine Freundin Melody mag ich sehr, aber beim gemeinsamen Shopping übt sie keinen guten Einfluß auf mich aus. Sie ist zu lieb, um mir die Wahrheit zu sagen, wenn ich in irgend etwas gräßlich aussehe, und weil sie eine Entschuldigung braucht, Geld auszugeben, drängt sie mich, das meine auszugeben. Mit Freundinnen wie Melody geht man am besten ins Museum – in ein Museum ohne Shop!

Und gehen Sie ja nicht mit einer dieser «Freundinnen» Kleider kaufen, die Ihnen erklärt, wie schrecklich Sie immer in Hosen aussehen, und die Ihnen «hilft», indem sie Ihnen eine Diät vorschlägt, die bei ihr funktioniert hat. Durch Neonlicht in einschüchternd klinisch-weißen Umkleidekabinen sind wir manchmal schon demoralisiert genug. Wir brauchen keine Hilfe von seiten dieser «Freundinnen», die uns gewohnheitsmäßig in ein noch unvorteilhafteres Licht rücken.

Dann gibt es noch die Frauen, die zwar wirklich nette Freundinnen sind, aber einfach keinen Sinn für Stil haben. Sie erkennen ihn noch nicht einmal, wenn sie ihn sehen. Wie der chinesische Dichter Lin-Chi es ausgedrückt hat: «Wenn du einen Meisterfechter triffst, zeige ihm dein Schwert. Wenn du einen Mann triffst, der kein Dichter ist, zeige ihm nicht dein Gedicht.»

Hüten Sie sich vor Sonderangeboten!

Ich habe mich mit dem Geschäftsführer eines größeren Bekleidungshauses unterhalten, der mir erklärte, wie es meistens bei den Sonderangeboten zugeht. «Bei manchen Artikeln reduzieren wir den Preis», erklärte er, «aber die wirklich guten Sachen gehen normalerweise vor dem Schlußverkauf zum vollen Preis weg.» Gegen Ende der Saison – wo man tatsächlich Schnäppchen machen kann – gibt es oft einen Grund dafür, daß die Sachen so stark reduziert sind.

Noch einmal: wenn Sie wissen, daß Sie einen marineblauen Mantel brauchen und auch eine ganz gute Vorstellung davon haben, wie er aussehen sollte, gibt es keinen Grund, nicht bis zum traditionellen Schlußverkauf zu warten. Doch da Sie nun keine Impulskäufe mehr machen und auch eine klarere, kritischere Vorstellung von dem haben, was Sie wollen, werden Sie vielleicht feststellen, daß Sie das Gewünschte nur zu Beginn der Saison bekommen können, wenn Sie noch die volle Auswahl haben. Und da Sie jetzt weniger kaufen, ist der Betrag, den Sie im Schlußverkauf sparen könnten, vielleicht auch unerheblich.

Meiden Sie extreme Trends!

Todd Oldham erklärte, der häufigste Fehler, den er bei Frauen sehe, sei der, «das zu tragen, was nach Meinung anderer ‹in› ist». Wenn Sie etwas nur kaufen, um bei den Modetrends dieser Saison mitzuhalten, ist das ein Fehler – es sei denn, es handelt sich um eine kurzlebige Kleinigkeit wie etwa ein hautenges T-Shirt oder ein Gymnastiktrikot in der neuesten Saisonfarbe. Andererseits möchten Sie vielleicht einige Trends in Ihre Garderobe aufnehmen, von denen Sie wissen, daß diese für Sie immer ihren Wert behalten und zu Ihren persönlichen Klassikern werden können, unabhängig von dem, was auf den Laufstegen oder in den Modezeitschriften gerade zu sehen ist. Als letzthin die Röcke wieder länger wurden, blieben Amy und ich bei der alten Länge, da wir uns beide sicher waren, daß wir es so am liebsten mochten und es uns am besten stand. Amy sagt: «Lange Röcke sind mir eine Bürde, und kurze Röcke lassen mir mehr Bewegungsspielraum, weil die Beine frei sind. Außerdem sind sowohl bei Männern als auch bei Frauen die Beine mein liebster Körperteil.»

Als Modejournalistin wird Amy oft von branchenfremden Frauen gefragt: «Wird mein Bustierkorsett / meine Ballonhose / meine Plateausohle / mein breitschultriges Jackett (wählen Sie eines aus) nächstes Jahr noch Mode sein?» Auf solche Fragen antwortet Amy immer: «Wenn Sie das Gefühl haben, daß Sie darin gut aussehen und es mögen, tragen Sie es weiter. Andernfalls rangieren Sie es aus.»

Hände weg von billigem Glitzerkram!

Nur eine Elster schießt unterschiedslos auf jedes glitzernde Kinkerlitzchen los, das ihr in die Augen sticht, und schleppt das Zeugs dann in ihr Nest. Ob es nun echtes Gold ist oder Alufolie – die Elster bringt es nach Hause. Amy und ich wollen, daß Sie – anders als die Elster – unter der Oberfläche das Wesentliche erkennen. Dazu muß man sich ein bißchen konzentrieren, aber es ist eigentlich nichts anderes, als wenn man sagen kann, daß in der einen Sorte schokoladenmarmorierter Eiscreme die Schokoladenadern cremiger sind als in der an-

deren. Lassen Sie sich nicht von einem billig produzier-
ten Nachthemd mit glitzernden Goldlamé-Einsätzen,
glänzenden Schleifchen und raschelndem Spitzenputz in
Versuchung führen, während Sie an einem schlichteren,
doch wunderschön diagonal geschnittenen Nachthemd
vorbeigehen, das weniger «Kleiderbügelcharme» besitzt, wie das bei den «Mode-Raffkes» heißt.

Schauen Sie sich übungshalber doch einmal in einem
großen Kaufhaus um, ob Sie den Unterschied zwischen
einer billigeren und einer teureren Handtasche desselben Designs erkennen können. Oder den Unterschied
zwischen einem sorgfältig gefertigten, teuren Gürtel
und seinem billigen Imitat. Auf den ersten flüchtigen
Blick entdecken Sie vielleicht nur Übereinstimmungen,
doch wenn Sie sich ein wenig Zeit nehmen und beide
Gürtel berühren, beriechen und ihr Gewicht in Händen
wägen, werden Sie möglicherweise beträchtliche Unter-
schiede feststellen. Wenn Sie nicht mehr hastig und wie
im Rausch einkaufen, in einem veränderten Geisteszu-
stand, dann fallen Sie auch längst nicht mehr so schnell
auf minderwertige, verlogene Ware herein, die Sie (wie
ein gutaussehender, doch herzloser Lover) am Ende nur
enttäuschen wird. Wenn Sie meinen, sich die bessere Version nicht leisten zu können und keine andere Wahl zu
haben, als das Imitat zu nehmen, denken Sie an eine unserer wenigen Regeln: daß Sie das Beste kaufen sollen,
dafür aber weniger. Und wenn Sie sich im Moment
nichts wirklich Gutes leisten können, sollten Sie auf die
Sache vielleicht verzichten.

ACCESSOIRES
oder
Der letzte Touch

Die Entscheidung, was man «außer dem Kleid»
noch tragen soll, ist nicht einfach,
aber sie macht den Unterschied zwischen
Eleganz und Uneleganz.

Giorgio Armani

Alles sollte so einfach wie möglich sein –
jedoch nicht einfacher.

Albert Einstein

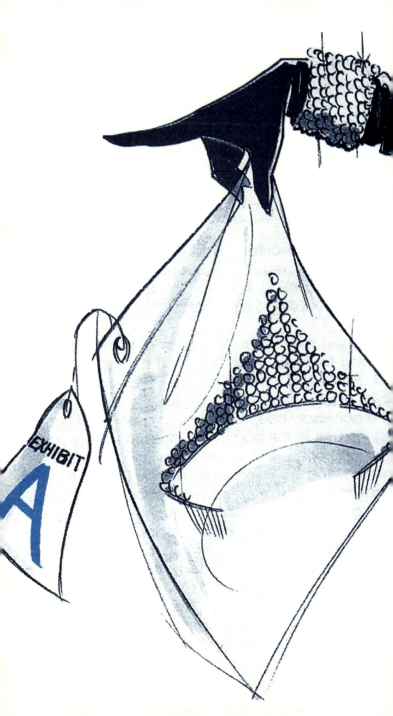

iner meiner Lieblingscartoons zeigt eine im übertrie-
benen Stil eines True Romance Comics gezeichnete
modische Frau, die sagt: «Ich bin so dankbar für mein
gottgegebenes Talent für Accessoires.»

So dumm sie auch wirkt, ein Händchen für das, was
einem Outfit den letzten Touch gibt, ist eine seltene
und beneidenswerte Gabe. Wie Giorgio Armani uns erklärte: «Falsche Accessoires gehören zu den häufigsten
Fehlern, die Frauen begehen.» Und ein Geschick für
Accessoires hat *nichts* damit zu tun, daß der Gürtel zur
Handtasche, zu den Schuhen und zum Nagellack paßt.
Diese Methode ist so hoffnungslos, als wollte man mit
einem «Malen nach Zahlen»-Set ein Meisterwerk schaffen. Wie auch bei guter Malerei geht es beim Geschick
für Accessoires um das Hinzufügen und Weglassen, um
das Kontrastieren und Anordnen von Materialien, Farben, Formen und Proportionen. Armani hat uns einige
Beispiele für typische Probleme genannt: «Handtaschen,
die nicht zu den Körpermaßen passen, zu hohe Absätze
für zu kleine Frauen, zuviel Schmuck.» Fernando Sanchez meint: «Am meisten leidet der Stil einer Frau unter
dem falschen Accessoire.» Und es kann den Unterschied
bewirken zwischen einem Hm-na-ja-Outfit oder einem
absoluten Renner.

Wenn Sie nun auch das Gefühl haben, ein «gottgegebenes Talent» zu besitzen wie einige der schicksten Frauen der Welt, dann möchten Sie es vielleicht mit den Accessoires auf die Spitze treiben und ein unauslösch-liches Stil-Statement von sich geben. In den jazzigen zwanziger Jahren verblüffte die exzentrische Schiffahrts-linien-Erbin Nancy Cunard ihre Zeitgenossen mit einer den ganzen Unterarm umschließenden Schicht von El-fenbeinarmbändern. Sie hätte sich Diamanten leisten können, doch Elfenbein war origineller (und damals noch keine Umweltsünde). Die Öl-Erbin Millicent Ro-gers bedeckte sich mit überdimensionierten Indianer-schmuckstücken aus Silber und Türkis, die sie zum Teil selbst entworfen hatte. Die *Vogue*-Herausgeberin Anna Wintour ist selten ohne ihre typische dunkle Sonnen-brille zu sehen (insbesondere nicht bei Modeschauen) oder ohne die höchsten Absätze von Manolo Blahnik.

Wenn Ihr Talent für Accessoires genau wie bei mir eher bescheiden ist oder falls Sie sich berufsmäßig eher konservativ kleiden müssen, dann machen Sie besser nicht soviel davon her und schmücken sich allenfalls mit ein oder zwei Markenzeichen. Ich trage gewöhnlich ein besonders schönes Schultertuch. Amy schleppt, wo sie geht und steht, eine fantastische Handtasche von Gene Meyer mit Pünktchenmuster mit sich herum. Wendy Goodman, die Stil-Redakteurin von *Harper's Bazaar*, trägt wechselweise ein Stück aus einer Sammlung unge-wöhnlicher Anhänger – einen Kristall, ein Siegel, eine Barockperle, einen Korallenzweig – an einer langen Schnur um den Hals.

Wenn man auch so ziemlich alles, von einer Tiara bis zu einer Papiertüte, als Teil des Outfits betrachten kann, sind normalerweise zehn Basics zu bedenken:

- Schuhe
- Handtaschen und Umhängetaschen
- Schmuck
- Tücher
- Hüte und Handschuhe
- Nachtwäsche und Hauskleidung
- Aktentaschen
- Brillen
- Strumpfhosen
- Mäntel

Schuhe

Sandaletten, Pumps, Slingpumps, Schuhe mit Plateausohlen, Clogs, Stiefeletten! Anblick, Geruch und Berührung eines Paars neuer Schuhe erregen die Sinne einer stilbewußten Frau stärker als eine vollständige Schmuckgarnitur oder ofenfrischer Schokoladenkuchen. Kein Zweifel, Frauen haben einen Schuh-Tick. Sie geben an, wie viele sie besitzen, wobei sie sich gegenseitig übertrumpfen wie alte Angler mit ihren Geschichten von Riesenfischen. In meinem

Budget sind Schuhe die Nummer eins unter den Accessoires. Mary McFadden ist da der gleichen Meinung: «Das
einzige, was den Stil einer Frau verdirbt, sind schlechte
Schuhe.» Wie ein schlechtes Ei das ganze Soufflé unge-
nießbar macht, machen billige oder ungepflegte Schuhe
Ihren Look kaputt, wie elegant oder teuer der auch sonst
sein mag. Von allen Bekleidungsartikeln spiegeln Schuhe
den eigenen Geschmack wahrscheinlich am unverfälsch-
testen wider. Yves Durif, Amys Friseur, erzählt, er fasse
normalerweise die Schuhe einer neuen Kundin ins Auge,
um sich ein Bild von ihrem Charakter zu machen. In den
alten Tagen des Studio 54 entschied der Türsteher nach
der Fußbekleidung, wen er abweisen würde. Natürlich
habe ich Imelda Marcos Politik verabscheut, ihr Schuhzimmer aber konnte ich verstehen. Die meisten Frauen
haben einen unbegrenzten Appetit auf Schuhe.

Keine zwei Paar Füße gleichen einander, selbst Ihre
eigenen Füße nicht. Und doch sind die Schuhgrößen stan-
dardisiert, als wäre ein Fuß der Größe vierzig/normale
Breite der eineiige Zwilling jedes beliebigen anderen.
(Und breitere oder schmalere Formen sind inzwischen
eine Rarität – weniger rar sind darum die Hühneraugen.)
Früher, vor den Zeiten der Massenproduktion, wurden
Schuhe, genau wie Kleider, für den Fuß desjenigen ge-
schustert, der sie trug. Nun ja, die Kleider kann man
wenigstens abändern lassen – aber bei Schuhen, die nicht
passen, kann man so gut wie gar nichts machen.

Packen wir's also an. Schmeißen Sie all die Schuhe aus
Ihrem Schuhschrank, von denen es hieß, sie würden noch

«nachgeben» oder «weiter werden». Das tun sie fast nie – oder zumindest nicht genug. (Manchmal kann ein Schuster die Schuhe in der Breite weiten, in der Länge jedoch niemals.) Amy sagt, wenn man die Schuhe zum Weiten gibt, soll man auch verlangen, daß der Zehenraum geweitet wird, um soviel Platz wie möglich zu schaffen. Wenn Sie einem reduzierten Paar Schuhe in der falschen Größe wirklich absolut nicht widerstehen können, dann kaufen Sie den Schuh zu groß – aber *niemals* zu klein. Einen zu großen Schuh kann man mit Einlegesohlen anpassen.

Suchen Sie sich eine Schuhmarke, die Ihrer Fußform am besten entspricht, und bleiben Sie dabei. Seien Sie bei Schuhen treu. Die richtigen Schuhe fühlen sich vom ersten Anprobieren an richtig an, ohne jede Einlaufphase.

Schuhe können leicht zur Manie werden. (Schauen Sie sich Imelda an.) Bedenken Sie darum, daß es einen ganz entscheidenden Nachteil hat, wenn man zu viele Paare besitzt. Das Problem ist, daß jede Hose und jeder Rock unter Umständen eine andere ideale Schuhform und Absatzhöhe verlangt. Eine Hose, die mit einem fünf Zentimeter hohen, kräftigen Absatz fantastisch aussieht, wirkt mit einem bleistiftdünnen, drei Zentimeter hohen überhaupt nicht mehr. Es kann ganz schön viel Mühe machen, den Überblick zu behalten, welcher Schuh zu welcher Rock- oder Hosenlänge gehört. Amy löst dieses Problem, indem jedem ihrer Outfits ein bestimmtes Paar Schuhe zugeordnet ist. (Aber sie hat ja auch zwei begehbare Kleiderschränke. Ein Paar Schuhe, behauptet sie, benutze sie nur zum Begehen ihrer Kleiderschränke!)

Meine Art, die Sache einfach zu halten, sieht so aus, daß
ich alle meine Hosen passend zu sechs Zentimeter hohen
Absätzen umnähen lasse. Und zu meinen Röcken trage
ich sieben Zentimeter hohe Pumps. Eine andere einfache
Lösung für Hosen hat Amy vorgeschlagen, nämlich sie
mit Stiefeletten zu tragen. (Auch das Problem der farb-
lichen Abstimmung von Strümpfen und Strumpfhosen
entfällt dann ... die sieht man nicht mehr.)

Und schließlich noch ein kluger Ratschlag des Pariser
Schuh-Designers Christian Louboutin: «Bei Schuhen
geht es in Wirklichkeit nicht um Mode. Was zählt, ist
nicht die Frage, ob hohe oder niedrige Absätze ‹in› sind,
sondern ob eine Frau sich in den Schuhen schön und an-
mutig bewegt.»

Handtaschen und Tragetaschen

Qualität geht über Quantität –
dies ist auch für Taschen das beste Prinzip. Marcia Sherrill,
die dynamische Designerin
für Kleinberg-Sherrill-Hand-
taschen, gibt (nicht unbedingt
im eigenen Interesse) folgenden
vernünftigen Ratschlag: «Eine
Tasche sollte Sie lange Zeit be-
gleiten», sagt sie. «Kaufen Sie etwas
Bewährtes und Echtes ohne viel Firlefanz,

ein Stück, auf das Sie bei möglichst vielen Gelegenheiten zurückgreifen und das Sie praktisch täglich tragen können. Nehmen Sie Abstand von Wildleder und Stoff – die haben einfach nicht die Haltbarkeit von Glattleder. Eine gute Faustregel: Eine Tasche sollte ungefähr genausoviel kosten, wie Sie normalerweise für ein Outfit ausgeben würden. Geizen Sie nicht! Eine Tasche sagt ebensoviel über Sie wie ein Paar Schuhe.»

Es hilft, wenn Sie sich darüber klarwerden, welche Art Tasche für Ihre Bedürfnisse und Ihre Garderobe am besten geeignet ist. Ich verwende tagsüber ebenso wie abends eine Schultertasche, weil ich Wert darauf lege, die Hände frei zu haben. Coco Chanel hat die ersten Taschen mit Schulterriemen entworfen, damit die Trägerinnen die Arme ungehindert bewegen können, das könnte also auch für Sie von Bedeutung sein. Amy zieht strukturierte Taschen mit Handgriff den Umhängetaschen vor, weil ihre Kleidung in der Regel klare, präzise Linien aufweist. Sie mag Schulterriemen nicht, weil sie den freien Fall der Kleidung verhindern. Maria, eine Schriftstellerfreundin, die Probleme mit dem Rücken hatte, bevorzugt aus diesem Grund schicke Rucksäcke, die ihr darüber hinaus mehr Armfreiheit lassen – und ihre sportliche Kleidung vervollständigen. Keine von uns hat die Zeit, täglich die Handtasche zu wechseln, um sie dem jeweiligen Outfit anzupassen. (Übrigens, für welchen Stil auch immer Sie sich entscheiden, unterwerfen Sie den Inhalt Ihrer Handtasche einer strikten Zensur, damit er nicht an eine schlecht sortierte Recycling-Tonne erinnert.)

Schmuck

Wir sind beide der Meinung, daß Sie in puncto
Schmuck ohne die mickrigen, kleinen «echten»
Stücke auskommen sollten (kleine Schmetter-
linge an einem Kettchen, mikroskopische Dia-
mantsplitter in einem winzigen Herzchen, wie sie
einer Sechzehnjährigen anstehen würden). Dabei haben
wir nichts gegen die echten Sachen, das können Sie sich
vorstellen, nur gegen diesen kitschigen Unsinn, der
außer den Schmuckhändlern niemandem etwas bringt.
(Geheimnis aus Insider-Mund: Diese winzigen Goldkin-
kerlitzchen haben die größte Gewinnspanne und praktisch keinen Wiederverkaufswert.) Wenn Sie also echtes
Gold haben wollen, dann wählen Sie lieber ein einziges
wertvolles Stück als einen Haufen wertlosen Kram –
selbst wenn Sie eine Weile darauf sparen müssen. Oder
geben Sie Ihr Geld für ein besonders schönes Mode-
schmuckstück aus.

Übertreibung und Understatement, beides kann ein
guter Look sein. Aber Sie müssen sich sicher sein, daß Sie
für ersteres die Chuzpe und für letzteres die zurückhal-
tende Eleganz besitzen. Coco Chanel trug tonnenweise
Halsbänder – wobei sie auf revolutionäre Art echte und
unechte Sachen mischte. Und Helena Rubinstein – wenn
sie sich mit Schmuck behängte, war alles echt – mischte
Edles mit Halbedlem, Halbedelsteine (ihre Leiden-
schaft), Barockperlen und Diamanten. Daß sie kaum
einen Meter fünfzig maß, hinderte sie nicht daran,

«mehr ist mehr» zu denken. Fantastisch, wenn auch vielleicht nichts für den Waschsalon oder die Durchschnittsverdienerin. Der problemloseste Schmuck ist sicherlich die Brosche. Eine schöne Anstecknadel verleiht einem Revers oder Ausschnitt ohne viel Tamtam einen Hauch von Glanz. Ich trage beinahe täglich eine goldgefaßte unechte Kamee. Es ist ein Medusenhaupt, und Sie wissen ja, daß das die Macht hatte, Menschen in Stein zu verwandeln. In geschäftlichen Angelegenheiten habe ich das manchmal gut gebrauchen können! Es ist mein goldenes Ehrenabzeichen für bewiesenen Mut.

Wie bereits erwähnt, trägt Amy häufig zwei Armbänder – an jedem Handgelenk eines. Sie geben ihren langen, muskulösen Armen den letzten Touch und klicken und glänzen auf eine subtil verführerische Art. Doch Amy ist weder Klavierlehrerin noch Gerichtsstenografin. Bedenken Sie also mit Rücksicht auf Ihren Beruf, daß Armbänder bei Konferenzen oder Präsentationen störende Geräusche verursachen können.

Meine persönliche Obsession sind Ohrringe. Immer suche ich nach dem perfekten Paar. Und sie beanspruchen nicht viel Platz. Aber lassen Sie nicht zu, daß Ihre Schmuckschatulle mit Fehlgriffen vollgestopft ist. Schmeißen Sie alles raus, was stört, verschenken Sie es, verkaufen Sie es oder schmücken Sie Ihren Weihnachtsbaum mit all den Klunkern, die Sie schon seit Ewigkeiten nicht mehr getragen haben.

Tücher

Sie stehen für Farbe, Phantasie, Dramatik oder eleganten Schick – das Tuch ist das vielseitigste aller Accessoires. Diese simplen Stoffrechtecke oder -quadrate sind die einfachste Bekleidungseinheit, doch da sie erst durch die Kreativität der Trägerin zum Leben erweckt werden, schüchtern sie uns auch am stärksten ein. Wenn Sie an Tüchern den Mut zur Farbe lieben, aber einfach nicht dahinterkommen, wie man sie trägt, empfehle ich Ihnen einen Kurs, um ein paar Bindetechniken zu lernen. Es gibt auch Bücher mit Anleitungen, doch die überfordern mich meist mit schwierigen Diagrammen und wirklich sonderbaren Knotentechniken. Suchen Sie sich nur ein paar Möglichkeiten heraus – und übergehen Sie die an Origami erinnernden Instruktionen über das Falten eines Miniatur-Eiffelturms. (Oder bitten Sie eine französische Bekannte um Hilfe. Die werden nämlich mit einem Gen für Tuchbindetechniken geboren und tragen die Dinger genauso lässig wie ihre Augenwimpern.) Und schließlich, was auch immer Sie tun, binden Sie diese seidige Farbexplosion niemals nach Art eines Pfadfinder-halstuchs. Andernfalls sollten Sie diese ganze Tuchge-schichte lieber vergessen.

Hüte und Handschuhe

Ihre Urgroßmutter hat sie nur in der Badewanne abgenommen, aber wann setzen Sie sie auf? Hüte können für Ihr Gesicht ein größeres Wunder bewirken als jedes noch so geschickt aufgetragene Make-up, doch wie sollte man sich in ihnen nicht völlig deplaziert fühlen? Hochzeiten, Gottesdienste in Kirchen und Synagogen – traurigerweise gibt es wenige oder gar keine anderen Anlässe, zu denen sie noch verlangt werden. Für die Frauen des letzten Jahrhunderts und der ersten Hälfte des jetzigen bargen Hüte die gleiche Verlockung wie heute Schuhe für uns. Doch die aufgebauschten Frisuren der Sechziger, gefolgt vom sich lockernden Sittenkodex jenes Jahrzehnts, hatten ein schreckliches Hütesterben zur Folge. All jene wunderschönen Gesten und Rituale, all diese prachtvollen Möglichkeiten von Form, Farbe und Putz, all die spannenden Flirts durch den Schleier hindurch – fort, dahin, verschwunden! Wie traurig! Nie werde ich meine anderthalb Jahre in London vergessen. Ständig konnte ich Hüte tragen, und keiner fand das komisch. (Ein kleiner Grund für die Erhaltung des englischen Königshauses!)

Wenn Sie Hüte lieben – wenn Sie einen Kopf für die Putzmacherei haben –, ist noch nicht alles verloren. Auch

Amy hat einen Hang zu Kopfbedeckungen – klein und pillboxähnlich oder Baskenmütze (niemals breitkrempige Kinohüte oder schnuckeliges Landmädchenzeugs), und sie hat Mut und Stil genug, sie zu tragen. Für uns andere aber gibt es mindestens zwei (jahreszeitlich begründete) Vorwände für einen Hut auf dem Kopf: Winter und Sommer. Den einen um der Wärme willen (bis zu 80 Prozent der Körperwärme werden über den unbedeckten Kopf abgegeben), den anderen zum Sonnenschutz. Wie gut Ihr Vorwand aber auch sein mag – wenn Sie sich in einem Hut komisch vorkommen, dann tragen Sie keinen. Ein Hut muß voll Selbstsicherheit und Selbstvertrauen getragen werden, sogar mit Selbstvergessenheit. (So trägt eine Frau mit Stil übrigens all ihre Kleider.) Niemals werde ich den Sonnenhut vergessen, den ich auf Martinique gekauft hatte – ein teurer Strohhut mit schwarzem, grob geripptem Band. Als ich über den Hotelhof zu meinem Liegestuhl ging, stürzte eine Frau auf mich zu und fragte mich atemlos, woher ich nur den Hut habe. Da wußte ich, daß er ein Volltreffer war. (Und ich gab zur Antwort, es sei mir leider entfallen!)

Nachtwäsche und Hauskleidung

Es gibt Frauen, die tagsüber wirklich hübsch aussehen, sich abends aber völlig gehenlassen. Oh, ich weiß, Ihnen würde so etwas nicht passieren, aber für alle Fälle möchte ich doch darauf hinweisen, daß es ganz einfach ist, sich

eine attraktive «Uniform» fürs Haus zusammenzustellen. Für die Nacht besitze ich drei Paar weiße Baumwollschlafanzüge, und im Laufe der Zeit sind sie wunderschön weich geworden. Inzwischen habe ich auch meine geliebten Hausanzüge – eine Sammlung schöner, gutsitzender, weicher Kleidungsstücke.

Meine Freundin Linda ist Meisterin darin, sich eine bequeme «Uniform» für zu Hause zu schaffen. Die irritierend schöne Blonde hat mir eingestanden, daß sie für fünf haargenau gleiche, schwarze Kaftankleider über tausend Dollar ausgegeben hat. Wenn sie von der Arbeit nach Hause kommt, schlüpft sie immer sofort hinein. Denken Sie doch nur: Ihr Mann hat sie noch nie in einem vergammelten alten Bademantel gesehen. Vielleicht können Sie sich die tausend Dollar nicht leisten, aber das ist auch nicht nötig. Meine Schlafanzüge habe ich aus dem Katalog bestellt, und meine Hausanzüge stammen von Schlußverkäufen. Amy liebt Morgenmäntel von Fernando Sanchez – insbesondere die für Männer. Und sie trägt gern einen Kaftan als Hauskleidung, gerade wenn sie Gäste hat. Ihr Lieblingsstück ist ein älteres Modell von Geoffrey Beene, das sie auf einem Wohltätigkeitsbasar gefunden hat!

Aktentaschen

Geben Sie sich nicht als Mann. Wenn Sie sich nicht zur Geschlechtsumwandlung per Kleidung entschieden haben (und dann ist das hier das falsche Buch, Schätzchen), tauschen Sie dies durch und durch maskuline Aktenköfferchen gegen eine schicke Tragetasche, eine übergroße Handtasche oder etwas Ähnliches aus. Diese eckigen Köfferchen gehören in den gleichen Kreis der Mode-Vorhölle wie jener überholte Look des weiblichen Yuppies: Anzug mit Turnschuhen. Außerdem können die Dinger einem ganz schön hart gegen die Beine schlagen.

Brillen

Was haben Sally Jessy Raphael und Sophia Loren mit Anna Wintour von *Vogue* gemeinsam? Die Brille als Erkennungszeichen. Eine schöne Brille oder Sonnenbrille kann genau das richtige für Ihren Look sein, und wenn Sie einmal müde sind oder keine Zeit hatten, sich die Augen zu schminken, läßt sich das damit großartig kaschieren. Wenn so ein Gestell bei Ihnen Wunder wirkt, dann tragen Sie es ruhig um der Schönheit willen, ob Sie die Brille nun tatsächlich brauchen oder nicht. Legen Sie sich das gleiche Gestell noch einmal auf Lager – für später.

Strumpfhosen

Die zartesten, weichsten, seidigsten Feinstrumpfhosen sehen am schönsten aus – und
kosten immer mehr als die Billigware, die
auf der Haut gern fleckig und grobkörnig
wirkt. Kaufen Sie also die besten, die Sie
sich leisten können. Alle Marken und Preisklas-
sen bekommen so häufig Häkchen, Risse und
Laufmaschen, daß es zum Verrücktwerden ist.
Gutaussehende, laufmaschenfreie Feinstrumpfhosen gehören wohl zu den Konsumgütern, die (wie
benzinfreie Autos) in technischer Hinsicht zwar
wahrscheinlich machbar wären, die aber ganze In-
dustriezweige zum Absterben brächten, wenn sie
eingeführt würden. Bis dauerhafte Feinstrumpfhosen das Licht der Welt erblicken, hier also einige
Tips für schicke Beine:

- Je größer der Lycraanteil im Verhältnis zum
Nylon, desto schöner und haltbarer ist die
Strumpfhose.

- Verstärkte Spitzen verlängern das Leben
empfindlicher Strumpfwaren. Aber bitte nicht mit
Sandaletten oder weit ausgeschnittenen Pumps tragen, weil sie deren Wirkung verderben. (Das
wußten Sie schon, stimmt's?)

- Fleischfarbene Strumpfhosen hatten früher unter
Modebewußten einen schlechten Ruf, doch gute
Hersteller bekommen sie nun in Farben hin, die sich

wie eine gut gewählte Make-up-Grundierung an Ihren Hautton anpassen. Sie lassen Ihre Beine so makellos wirken, als sollten die im Schaufenster ausgestellt werden, und sie sind oft hübscher als die elfenbeinfarbenen (die manchmal etwas von Alice im Wunderland haben). Außerdem brauchen Sie sich nicht den Kopf zu zerbrechen, welcher Farbton zu Schuhen oder Kleid paßt. Und sollte es eine Laufmasche geben, sieht man es nicht so sehr.

- Schwarze, blickdichte Strumpfhosen mit glänzender oder matter Optik sind sehr haltbar und verlieren ihren Schick nie (sie gehören zu den Lieblingsstücken der Modeleute). Sie halten warm, machen schlank und passen fantastisch zu schwarzen Wildlederschuhen oder -stiefeletten. Auch schwarze Feinstrumpfhosen sind oft eine attraktive Wahl.

- Wenn Sie die Strumpfhose finden, die für Ihre Zwecke am besten geeignet ist, dann kaufen Sie gleich einen Stapel auf Vorrat. Und kaufen Sie Sonderangebote.

- Wenn Sie aber der Meinung sind, Strumpfhosen seien nur als Gesichtsmasken für Räuber brauchbar, dann bleiben Sie bei Hosen oder langen Röcken.

- Werfen Sie Ihre Strumpfhosen mit geriffelten Stellen und Häkchen weg, selbst wenn sie noch keine Laufmaschen haben. Ihre Beine sehen darin wie durch Krankheit verunstaltet aus. Wenn Sie unbedingt noch etwas von diesen Strumpfhosen haben wollen, dann tragen Sie sie unter Hosen auf.

Mäntel

Mäntel sind in kalten Regionen wichtig, also für jeden, der dort lebt oder dort auf Reisen ist. Sie sind mehr als ein Accessoire, denn wenn man einen trägt, dann ist er schon ein kompletter Look. Und im Winter ist er das Kleidungsstück, in dem man am häufigsten gesehen wird. Aber viel zu oft scheinen Frauen zu vergessen, daß der Mantel und das Darunter eine gewisse Beziehung zueinander haben sollten. Sie wissen schon, welchen widersprüchlichen Anblick ich meine – ein Abendkleid unter einer Skijacke. Na ja, vielleicht übertreibe ich, aber Sie haben schon verstanden, was ich meine.

Amy liebt den Gedanken an Farbe im Wintermantel – die muntert sie an grauen Tagen auf. Seit zehn Jahren trägt sie denselben fliederfarbenen, weit schwingenden Mantel mit Schalkragen – fantastisch zu schwarzen Accessoires. Ich halte mich an neutrale Farben, aber ich habe ja auch kein angeborenes Gespür für Stil.

Einige Hinweise, die Ihnen bei der Wahl des Mantels helfen können:

- Vergewissern Sie sich, daß er sich leicht über Kostümjacken, Kleider und dicke Pullover ziehen läßt.
- Passen Sie auf, daß Sie nicht Schulterpolster über Schulterpolster schichten – sonst werden Sie zum halslosen Ungetüm.

- Wenn möglich, sollten Rock- und Kleidersaum nicht unter dem Mantel hervorschauen.
- Wenn Sie für gesellschaftliche Ereignisse oder Parties keinen ausreichend langen Mantel haben, um ein Abendkleid zu bedecken, können Sie statt dessen einen langen Umhang oder eine Stola tragen.
- Der freie Stoffall des schönsten Mantels ist ruiniert, wenn Sie den Schulterriemen Ihrer Tasche diagonal von Schulter zu Hüfte darüber hängen.
- Heben Sie sich Ihren Anorak für Wanderungen im Grünen auf. Für die Stadt sollten Sie sich einen gut-sitzenden Mantel zulegen. Denken Sie an die Regel der Angemessenheit.

Es wird Sie auch nicht überraschen, daß ich für jeden Mantel ein eigenes Paar Handschuhe besitze, die ich in die Manteltasche stopfe, und ein leichtes wollenes Tuch. Das Wolltuch ist nicht nur warm, es verhüllt auch den Mantelausschnitt, wenn ein Blusenkragen hervorschaut oder ein Blazer sich unschön beult. Die Tücher geben meinen absichtlich neutral gewählten Mänteln auch einen Farbtupfer. Ob Sie sich nun aber für kräftige oder für neutrale Farben oder für einen ganz anderen Look entscheiden – bedenken Sie, daß ein noch so sorgfältig arrangiertes Outfit durch einen gedankenlos übergewor-fenen Mantel jede Wirkung verliert.

JETZT NICHT LOCKERLASSEN

oder

So bleibt Ihr
Kleiderschrank in Form

Liebling, das brauchst du nicht.
Du hast schon genug.

Halston

Als ich noch sehr klein war (und dann nicht mehr ganz so klein), konnte ich abends nicht einschlafen, wenn die Tür des Kleiderschranks nicht vollständig geschlossen war. Wie oft auch das Licht wieder angemacht wurde, die Schiebetür des Schranks geöffnet und wie oft man mir auch den unbedenklichen Inhalt zeigte – ich wußte, daß dort schreckliche Ungeheuer lauerten. (Glücklicherweise waren sie nicht so schrecklich, daß sie hätten hinauskommen können, wenn die Tür ordentlich verschlossen war.)

Nun, in gewisser Weise hatte ich damals sogar recht. Wie weiter oben besprochen, haben die meisten von uns tatsächlich Monsterhaftes im Kleiderschrank hängen, und auch die Kleiderschränke selbst sind oft in grauenvollem Zustand. Sie wissen schon, was ich meine: ein Teil unordentlich über das andere geworfen; luft- und blickdicht in scheußliche Kunststoffolie der Reinigung eingeschlossene Kleider, die darin an Marleys Geist gemahnen; Haufen unidentifizierbarer Kleidungsstücke, die auf den Boden gerutscht sind. Ganz zu schweigen davon, daß Sie Mommie Dearest/Joan Crawfords geheiligte Regel durchbrochen haben: «Kleiderbügel aus Draht – nie!»

Ein wohlgeordneter Kleiderschrank ist für eine Frau nicht nur bequem und nützlich. Er ist einfach unabdingbar. Und er ist eine Belohnung für all die Mühe, die Sie bisher auf sich genommen haben. Der Zustand Ihres Kleiderschranks steht irgendwie im Zusammenhang mit Ihrem seelischen Zustand. Wieviel gelassener fühlen wir uns doch, wenn wir wissen, daß hinter den verschlossenen Türen alles sauber und ordentlich ist. Sehr interessant sind die Phantasien, die mit dem Kleiderschrank in Zusammenhang stehen: Amy hat einen gelegentlich wiederkehrenden Traum, in dem sie ihre Schranktür öffnet und zu ihrer großen Freude feststellt, daß er größer geworden ist, daß wunderschöne neue Kleider darin hängen und neue Unterteilungen angebracht sind. Und wann immer ich mich überfordert, verwirrt oder bedrückt fühle, räume ich meine (eigentlich schon tadellosen) Kleiderschränke auf.

Interessanterweise haben Kleidermacher und -händler inzwischen begriffen, wie verführerisch ein wohlgeordneter Kleiderschrank sein kann, und machen sich dieses Wissen schamlos zunutze. Denken Sie nur an all diese Anzeigen für Schrank-Organizer mit Vorher- und Nachherbildern. Umbau und Neuorganisation von Kleiderschränken sind praktisch über Nacht zur Grundlage einer boomenden Siebzig-Millionen-Dollar-Industrie geworden. Donna Karan hat die Verlockung eines ansprechend und harmonisch gefüllten Kleiderschranks verstanden, als sie das Kaufhaus Bergdorf Goodman aufforderte, seine Kleider eine Saison lang in Schränken auszustellen. Eine Assistentin erklärte: «Sie in einen Kleiderschrank einzuordnen ist Teil von Donnas Verkaufsphilosophie ... der Kleiderschrank ist ein natürliches Setting für den Lebensstil der modernen Frau.» Damit Sie gut aussehen können, muß Ihr Kleiderschrank gut aussehen.

Das heißt nicht, daß Sie für Schrankeinbauten oder die Wandverkleidung aus Zedernholz oder Zusatzschubladen aus Draht ein Vermögen ausgeben sollen. Denn der größte Luxus, den ein Kleiderschrank bieten kann, ist nicht seine Ausstattung, sondern sein Inhalt und der verbliebene Freiraum. Und jetzt, mit Ihrer neuen, verschlankten Garderobe, sollte in Ihrem Kleiderschrank soviel Platz sein, wie Sie nur brauchen können. Wie man diesen Platz gut ausnutzt, muß man jedoch lernen, und ich habe tatsächlich einige Tips von Fachleuten bekommen. Genau so, wie das geschickte Ausstellen von Kleidung in einem Kaufhaus oder einer Boutique Ihnen beim Auswählen und Kauf hilft, so hilft Ihnen schön arrangierte Kleidung in Ihrem eigenen Kleiderschrank, sich täglich gut anzuziehen. Eine kleine Investition in Kleiderschrankzubehör rentiert sich auf Dauer, denn sie wird Ihnen viele andere Ausgaben ersparen. Es fällt weniger für den Flickschneider an, Sie müssen nichts mehr zum Wiederaufbügeln weggeben, und Sie kaufen keine unnötigen Kleidungsstücke, weil Sie die, die Sie schon haben, übersehen! Für Brooke Stoddard, eine äußerst ordnungsliebende Assistentin der Designredaktion von *Harper's Bazaar*, ist Übersichtlichkeit sogar so wichtig, daß sie jedes Outfit mit einer Polaroidkamera ablichtet und in ein «Stiltagebuch» einfügt. «Ich kann durch mein Buch blättern, statt meinen Kleiderschrank durchzugehen, wenn ich überlege, was ich tragen soll», meint sie dazu. Zuviel

Aufwand für die meisten von uns, doch wenn man die Zeit, das Interesse und einen Beruf im Modebereich hat, ist die Idee vielleicht gar nicht so schlecht.

Zur Organisation Ihrer geordneten Garderobe folgt nun eine Liste von grundlegendem Kleiderschrankzubehör, das Sie vielleicht kaufen oder einbauen lassen müssen:

- Kleider-, Rock- und Hosenbügel
- Gürtelhalter
- Schuhfächer
- Fächer für Handtaschen
- Tuchhalter

Kleiderbügel

Ich vertrete ziemlich entschieden die Ansicht, daß jeder ordentliche Kleiderschrank mit einheitlichen Kleiderbügeln ausgestattet sein sollte. Wenn Sie wohlhabend sind und sich die fantastisch duftende, satingepolsterte Sorte leisten können, prima. Ich jedoch benutze einfach die Standardausführung aus Plastik mit drehbarem Metallhaken. Die ziehe ich der moderneren einteiligen Variante aus weißem (oder farbigem) Kunststoff vor. Bei der muß man nämlich aufpassen, wie herum man die Kleider auf den Bügel hängt. Wenn man die Kleider in den Schrank einordnet, ist es wichtig, daß alle in dieselbe Richtung schauen. Und denken Sie nicht, daß hier nur mein neurotischer Ordnungszwang zum Vorschein kommt – hier geht es um Übersichtlichkeit. Bügel von unterschiedlicher Art und Größe erschweren es Ihnen hingegen, Länge und Schnitt der vor Ihnen hängenden Jacken und Kleider zu vergleichen. Da man bei den meisten Discountern ein Set von einem Dutzend Kleiderbügeln für geringes Geld bekommt, ist es eigentlich unentschuldbar, seine Sachen auf den Mißgeburten aus Draht zu belassen, die von Reinigungen abgegeben werden. Dort, wo der Draht zusammengedreht ist, reißen diese Bügel mit dem scharfen Drahtende gern Fäden aus dem Stoff, manchmal hinterlassen sie Rostflecken, und hängt man empfindliche Stricksachen darauf, können diese sich an den Schultern verziehen. Und warum sollte man das teure Kleiderpressen bezahlen, nur um später festzustellen, daß die Bluse schief hängt und neue Falten hineingedrückt sind?

Nun, wo Sie Ihr Kommunionkleid aussortiert haben, Ihre Pfadfinderuniform, Ihre alten Umstandskleider und den Blazer, den Sie für Ihre erste Stelle gekauft haben, nun, wo Platz in Ihrem Kleiderschrank ist, sollte es auch nicht viel Zeit in Anspruch nehmen, die von Ihnen ausgewählte Garderobe mit der Vorderseite nach rechts auf gleichen Kleiderbügeln aufzuhängen. Diese Übung gestattet Ihnen auch, sich beim Mustern Ihrer Sachen noch einmal ein Bild davon zu machen, wovon Sie mehr als genug haben und was gegebenenfalls noch fehlt.

Für die Ordnung in Ihrem Kleiderschrank stehen Ihnen mehrere Methoden zur Auswahl. Wie bereits erwähnt, halte ich es für das Einfachste, ein ganzes Outfit auf einen einzigen Kleiderbügel zu hängen. Bei mir umfaßt das die Hose, die Bluse und die Jacke bzw. den Blazer, die ich überlicherweise zusammen trage. Ich gehe dabei so weit, daß ich auch das passende Tuch auf denselben Kleiderbügel hänge. Mit dieser Anordnung komme ich gut zurecht. Ich tausche selten ein Teil aus, mit einer größeren Ausnahme: ganz am Rand hängen ein paar schwarze Hosen und ein paar Röcke, die ich für jedes entsprechende Stück einsetzen kann. Für mich ist diese Methode genau richtig.

Bei meiner Schwester andererseits ist der Ordnungstick noch ausgeprägter. Sie hängt all ihre Jacken zusammen, hat dann eine Abteilung mit Blusen, gefolgt von einer mit Röcken und Hosen. Der Vorteil dieses Systems ist, daß man einen besseren Überblick über alles hat, was man besitzt. Der Nachteil ist, daß man sich jedesmal erinnern muß, welches Kleidungsstück wozu paßt.

Amy, die fast nur Kleider oder Kostüme trägt, verwendet eine andere, aber ebenso erfolgreiche Ordnungsmethode: All ihre Kleider und Kostüme sind nach Farbe, Jahreszeit und Linie geordnet. Ein Blick in ihren Kleiderschrank ist ein echtes Vergnügen.

Und genau darum geht es hier ja auch. Wir bemühen uns gemeinsam, das Anziehen zu einem sowohl angenehmen als auch einfachen Teil Ihres Tagesablaufs zu machen. Wenn sich vor Ihnen eine Art Schlangengrube auftut, sobald Sie die Tür Ihres Kleiderschrankes öffnen, und wenn Sie sich dann hindurchwühlen, nur um festzustellen, daß der Rock für die von Ihnen ausgewählte

Jacke in der Reinigung ist oder daß Sie die beige Bluse, von der Sie genau wissen, daß sie dasein muß, einfach nicht finden können, dann wird der ohnehin stressige Morgen noch hektischer. Wenn mein Kleiderschrank ordentlich ist, macht mir das Anziehen Spaß, andernfalls aber ziehe ich mich eilig aufs Geratewohl an und bin hinterher mit dem Ergebnis unglücklich.

Gürtelhalter

Falls Sie Gürtel tragen, müssen Sie eine Möglichkeit finden, diese so gut sichtbar aufzuhängen, daß Sie bei Bedarf den Überblick haben. Man kann dafür alle möglichen Artikelchen kaufen: Gürtelhalter zum Befestigen an der Innenseite der Schranktür, besondere Kleiderbügel mit Gürtelhaltevorrichtungen usw. Weil ich es gern einfach habe (und weil ich keine nette, zierliche Taille vorweisen kann), besitze ich nur zwei Gürtel – einen sehr teuren aus schwarzem Leder, den ich überwiegend trage, und einen braunen. Beide hängen an einem Haken direkt vorne im Kleiderschrank. Es gibt aber noch ein paar andere Gürtel, die bei einer Hose oder einem Kleid beim Kauf dabei waren. Die hänge ich einfach mit dem zu ihnen gehörigen Kleidungsstück auf denselben Bügel.

Für welche Methode Sie sich auch entscheiden, wesentlich ist das Prinzip, daß alles zu sehen sein muß, sonst vergessen Sie, was Sie besitzen.

Schuhfächer

Wie bereits erwähnt, hat beinahe jede Frau, die ich kenne, etwas von Imelda Marcos in sich. Aber wer kann es sich schon leisten, dreitausend Paar Schuhe zu verstauen? Zuerst versuchte ich, meine für gut befundenen Paare in aufhängbaren Schuhcontainern aus Folie unterzubringen, die in Kaufhäusern und per Katalog zu haben sind. Damit kam ich nicht zurecht. Ich konnte die Schuhe nicht sehen und mußte mir immer den Hals verrenken, wenn ich den langen Reißverschluß der Folien-«Tür» aufmachte, um an sie heranzukommen. Außerdem beanspruchte das ganze Arrangement eine Menge wertvollen Schrankraum. Nachdem ich dann eine Zeitlang versucht hatte, die Schuhe auf dem Schrankboden aufzureihen (was zwangsläufig zu einem staubigen Chaos führte), biß ich in den sauren Apfel und kaufte ein Schuhgestell. Jedes Paar steht jetzt ordentlich in seinem Fach, und ich habe nur noch Raum für vierzehn Paar Schuhe (allerdings ohne Turnschuhe). Ich weiß nicht, ob das viel oder wenig ist, aber es sind sehr gute Schuhe!

Finden Sie selbst heraus, was bei Ihnen am besten funktioniert. Aber bewahren Sie die Schuhe *nicht* in den Schuhkartons auf, in denen Sie sie gekauft haben. Unsere Lektorin tut das zwar und steht auch dazu. Ich aber bin überzeugt, daß man dann wirklich vergißt, was man eigentlich besitzt, und wenn man ohnehin schon spät dran ist, gibt es wohl kaum einen schlimmeren Zeitkiller, als wie ein wild gewordenes Frettchen auf der Suche

nach jenen grünen Wildlederpumps, die ganz gewiß ganz
vorne stehen müssen, von einer verschlossenen Schuh-
schachtel zur nächsten zu jagen.

Fächer für Handtaschen

Die meisten Kleiderschränke besitzen ein von Möbelher-
stellern so genanntes «Hutbrett» (wenn ich auch außer
Amy niemanden kenne, der dort tatsächlich Hüte aufbe-
wahrt). Das sind die Ablagefächer direkt über der Klei-
derstange. Für mich sind sie der perfekte Aufbewah-
rungsort für meine Handtaschen. Auf diese Weise kann
ich mit einem kurzen Blick sehen, welche ich für einen
bestimmten Tag oder Abend brauche. Versenken Sie sie
nicht auf dem Grund einer Schublade. Auch so vergißt
man nur, was man besitzt, und kauft schließlich etwas,
was man eigentlich schon hat.

Tuchhalter

Hatte ich bereits erwähnt, daß ich für Tücher schwärme?
Da ich meist Kleidung in neutralem Farbton und von
einfachem Schnitt trage, brauche ich die Tücher für ein
wenig fließende Bewegung, für einen Hauch von Weich-
heit und Weiblichkeit. Und vielleicht aus diesem Grund
kann ich bei einem besonders schönen Tuch – mehr als
bei jedem anderen Artikel – schon einmal verschwende-

risch werden. (Da ich sie so häufig trage, empfinde ich die Ausgabe als gerechtfertigt.) Ich mußte jedoch lange nach einer guten Methode suchen, meine Tücher im Kleiderschrank aufzubewahren. Einmal habe ich gelesen, Fürstin Gracia hängte ihre teuren Tücher von Hermès und Gucci auf Hosenbügel, nachdem sie sie zuerst mit säurefreien Papiertüchern abgedeckt hatte. Nun, wenn man über den fürstlich bemessenen Garderobenraum, die Zeit, die Geduld und das Personal verfügt, ist das großartig, aber all das habe ich nicht. Meine Schwester ließ spezielle Schränkchen bauen, wo sie ihre Tücher zusammengefaltet in flache Schubladen legen konnte, doch auch für solche Sondervergnügen fehlt den meisten von uns das Geld. Außerdem glaube ich, daß es schwieriger ist, sich an all seine Tücher und ihre Kombinationsmöglichkeiten zu erinnern, wenn sie in Schubladen verborgen liegen. Meine Lösung besteht, wie bereits erwähnt, darin, daß ich sie im Schrank lose über das Outfit hänge, mit dem ich sie trage. Bei Amys Lösung bleiben sie genauso sichtbar: Sie rollt sie vorsichtig zusammen und legt sie in stapelbare Schubfächer aus durchsichtigem Plastik, damit sie sie sofort sieht und problemlos herausholen kann. Eine Künstlerfreundin in SoHo hängt ihre Schulter- und Halstücher in ihrem riesigen Loft über Pflöcken an der ganzen Wand auf, wo Farben und Muster einen wunderschönen Anblick bieten (wobei ich persönlich mir dabei allerdings zuviel Gedanken über Staub und Schmutz machen würde).

DIE GEPFLEGTE ERSCHEINUNG

oder

**Seien Sie gut zu sich und
Ihren Sachen**

Sie trägt ihre Kleider so,
als hätte man sie ihr mit einer
Mistgabel übergeworfen.

Jonathan Swift

Nun, wo Sie Ihre schönen Kleider und den wunderbar aufgeräumten Kleiderschrank haben, sind Sie aber noch nicht fertig. So, wie ein prachtvolles Gemälde durch falsche Behandlung kaputtgehen kann, so können auch Sie das Portrait Ihrer selbst, das Sie so meisterhaft geschaffen haben, verderben, wenn Sie folgende sechs Aspekte außer Acht lassen:

- Kleiderpflege
- Haarpflege
- Nagelpflege
- Hautpflege
- Make-up
- Düfte

Da die meisten von uns im Leben auch noch etwas anderes zu tun haben, als sich um Kleiderschrank und Aussehen zu kümmern, vertreten wir hier eine durch und durch pragmatische Haltung: Damit eine gepflegte Erscheinung nicht zuviel Zeit in Anspruch nimmt, empfehlen wir fast immer eine einfache Methode. Und selbst Bill Blass, dessen Kundinnen ein unbegrenztes Budget für solchen Aufwand zur Verfügung haben, erklärte uns, was er an einer Frau am meisten bewundere, sei: «Einfachheit bei Kleidung, Haar und Make-up.»

Kleiderpflege

Wie ein reinrassiger Hund mit räudigem Fell wirkt auch eine außergewöhnliche Garderobe nur noch halb so schön, wenn Knöpfe fehlen, das Futter sich löst, der Kragen schmuddelig ist und die Wolle fusselt. Kleider von guter Qualität tragen sich zwar besser und halten auch länger, brauchen aber, wie ein teures Auto oder eine Uhr von Cartier, regelmäßige Inspektion und gute Pflege. Genau wie sein armer Vetter aus Acryl kann der teure Kaschmirpullover Tomatensoßenflecken abbekommen, an einem Korbstuhlsplitter hängenbleiben oder am Ärmelbündchen verschleißen.

Diana Vreeland, die mit ihrer wie aus dem Ei gepellten, makellosen Eleganz auch heute noch jedem, der sie kannte, ein Vorbild ist, sagte, der himmlischste Geruch auf Erden sei der Duft von Sattelseife auf sauberem Leder. Sie machte aus der Kleiderpflege eine Religion, liebte nicht nur ihr Ergebnis, sondern auch alle damit in Verbindung stehenden Utensilien und Berufe. (Ihr Hausmädchen wienerte tatsächlich die Sohlen ihrer Schuhe, wischte ihre Handtasche von innen aus und wusch und bügelte ihre Dollarscheine.) Die Vreeland behauptete einmal sogar, sie könne überall leben, solange nur ein guter Schuster in der Stadt ansässig sei!

Nun ja, nur wenige unter uns verfügen über die Mittel der Vreeland oder sind solch außergewöhnliche Sauberkeitsfanatiker, und auch unser Beruf hängt nicht im gleichen Maß von unserem persönlichen Stil ab wie der ihre. Dennoch können wir uns ein Beispiel an ihr nehmen. Reinlichkeit steht nicht nur der Gottesfurcht am nächsten, sie ist auch die wichtigste Voraussetzung für Stil. (Es sei denn natürlich, Sie sind Mitglied einer Pacific Northwest Garage-Band.) Nichts kann die bisher geleistete Arbeit an Ihrem Stil so sehr untergraben wie ein Fettfleck auf dem Revers oder eine Laufmasche in der Feinstrumpfhose (und abgesplitterten Nagellack bitte nicht einfach überstreichen!).

Doch nun, wo Sie weniger Kleider besitzen, ist es ja auch nicht mehr so mühselig, den Zustand der einzelnen Kleidungsstücke im Auge zu behalten. Da der Inhalt Ihres Kleiderschrankes nun überschaubar ist, wird es kaum mehr vorkommen, daß Ihre Kleider darin zerdrückt werden, die Säume sich lösen oder ein Seidenkleid vom Bügel auf den Schrankboden rutscht. Sorgfältige Behandlung Ihrer Kleidung bleibt jedoch unerläßlich, und falls möglich, ist es das einfachste, Sie erledigen anfallende Arbeiten selbst. Die wichtigsten dazu nötigen Gerätschaften sind:

Ein gutes Dampfbügeleisen
Halten Sie auch das Zubehör vorrätig – eine Dose Sprühstärke, ein Bügelbrett (falls Sie wenig Platz haben, tut es auch ein kleines Tischbügelbrett), destilliertes Wasser usw. Bügeln ist ganz entschieden eine Kunst, und bei der Reinigung zahlt man fünfundzwanzig Prozent für die Reinigung und fünfundsiebzig Prozent fürs Bügeln, weil dies Geduld und Geschicklichkeit erfordert. Manche

Frauen empfinden Bügeln zwar als entspannende, befriedigende Tätigkeit, doch andere sind Meisterinnen im Versengen. Wenn Ihnen das Bügeln nur als äußerst lästige Pflicht erscheint, wenn die Stoffe sehr empfindlich sind oder Sie nie genug Zeit haben, dann gibt es folgende Alternative:

Ein professioneller Dampfbügelautomat
Ja, Sie wissen schon, was wir meinen – die großen, sperrigen Modelle, die man in Boutiquen sieht, oder, alternativ, der Reisebügler mit Vertikaldampf. Amy dachte lange und gründlich nach, bevor sie sich einen dieser aufstellbaren Dampfautomaten kaufte – der war nicht billig und benötigte außerdem viel Stellplatz. Doch da Bügeln für sie ungefähr so attraktiv ist wie das Ausheben von Gräbern, hat sie den Kauf nie bereut. Außerdem hat sie ein Vermögen an Reinigungs- und Bügelkosten gespart (während ihr Bügeleisen nun ganz hinten in ihrem Küchenschrank vor sich hin dämmert). Amys Schwester Erika, die für ein solch sperriges Gerät nicht genug Platz hat, schwingt ihren Reisedampfbügler wie einen Zauberstab. Und ich kenne eine' Stewardeß mit einer großen Duschkabine – die hängt Kleider an einen in der Badezimmerdecke befestigten Haken und überläßt die restliche Arbeit dem Dampf.

Wenn Sie wirklich ein hoffnungsloser Fall sind, sobald es um Knitterfalten geht, so kann man diese auch mit einem chemischen Spray glätten. (Amy hörte einmal eine Frau im Haushaltswarenladen fragen, ob das Zeug auch auf dem Gesicht wirke!) Da keines dieser Artikelchen Ihnen jedoch eine rasiermesserscharfe Falte in die Hosen pressen wird, sollten Sie, falls Sie Bügeln verabscheuen, dieses Problem beim nächsten Kauf einer edel geschnittenen Hose bedenken.

Ein Wollrasierer (oder normaler elektrischer Rasierapparat)
Selbst wenn Sie Ihren Liebsten mit Stoppeln mögen, wird sich diese Vorliebe nicht auch auf Ihre Pullover erstrecken. Auf manchen Wollstoffen scheinen die Fusseln schneller zu sprießen als die Härchen auf Ihren Waden. Verbannen Sie diesen «Zweitagebart» mit einem Wollrasierer, der genau wie ein elektrischer Rasierapparat funktioniert. (Wachs oder Enthaarungscreme empfehlen wir dagegen nicht.) Seien Sie aber vorsichtig – wenn Sie zu oft oder zu tief rasieren, kann das empfindliche Fasergewebe Risse bekommen, genau wie Ihre Haut beim Rasieren. Nur daß Pullover nicht verheilen!

Eine Kleiderbürste
Dieses haarbürstenförmige Utensil sammelt pflichtschuldigst all die Fusseln und Fädchen ein, die andere Menschen sonst in einem Anflug von Intimität so gern von Ihren Kleidern lesen.

Eine Fusselrolle
Etwas primitiver als das oben genannte Instrument, ist diese dafür manchmal effektiver. Ich habe eine im Wandschrank in der Diele, eine in meiner Schreibtischschub-

lade, eine in meinem Koffer und eine im Badezimmer. Aber ich habe ja auch eine Katze *und* einen Hund und außerdem eine Vorliebe für dunkle Stoffe, die alles anziehen außer Männern und Geld. Im Notfall können Sie auch einmal die Klebefingertechnik anwenden und sich Packband oder Tesafilm um Ihre hübschen Hände schlingen – mit der klebrigen Seite nach außen – und sich damit an die Arbeit machen. (Eine leitende Angestellte in unserer Bekanntschaft schwört auf selbstklebende Adreßetiketten.)

Eine kleine Schachtel mit Nähzeug
Selbst wenn es nur für den Notfall ist und Sie etwa einen aufgetrennten Saum nähen oder einen Knopf sichern müssen, der gerade seinen Todessturz plant, brauchen Sie doch eine Grundausstattung – Stecknadeln, Nadeln und ein paar Rollen Nähgarn in verschiedenen Farben. Wenn Nähen nicht unter die häuslichen Künste zählt, die Sie gemeistert haben, halten Sie zumindest eine Auswahl von Sicherheitsnadeln für eine provisorische Reparatur bereit, bis Sie eine gefällige Freundin oder eine berufsmäßige Flickschneiderin finden. Wir müssen Ihnen wohl nicht sagen, daß Sie damit nicht zu lange warten sollten – oder daß ein Stich zur rechten Zeit eine gute Idee wäre.

Eine Knopfdose
Die meisten Kleider kauft man mit ein oder zwei Ersatzknöpfen oder sogar einem Stückchen passendem Nähgarn. Schmeißen Sie das alles nicht weg und stopfen Sie

es auch nicht irgendwohin, wo Sie es nie mehr wieder-
finden. Sammeln Sie es in einem Behälter mit Deckel.
Meine Schwester hat mich den Wert einer Knopfdose
gelehrt, und nun steht eine schöne Porzellandose auf
meiner Schlafzimmerkommode.

Eine Wildlederbürste, Wildlederspray und Spray zum
Imprägnieren
Lassen Sie nicht zu, daß Regen, Matsch, Schnee oder
Schneeregen, die Ihnen vielleicht die Stimmung verderben, auch noch Ihre schönen Schuhe und Stiefeletten
ruinieren. Sie sollten immer ein Paar – wie wir sie nennen – «Regenschuhe» zur Hand haben, Schuhe aus Lack-
leder oder Gummistiefel, die nasses Wetter vertragen,
damit Sie Ihr empfindlicheres Schuhwerk vor den Ele-
menten schützen können. Diese Regenschuhe müssen
übrigens nicht wie Entenlatschen aussehen. Suchen Sie
sich schöne aus – Sie entgehen mit ihnen nicht nur einer
Lungenentzündung, sondern tun auch Ihren anderen
Schuhen etwas Gutes.

Da ein gut gefertigtes, gut gepflegtes Paar Schuhe sehr
lange halten kann, sollten Sie unbedingt *alle* Ihre Schuhe
vor dem Tragen mit einem Lederpflegemittel gegen
Feuchtigkeit imprägnieren, wenn sich dadurch auch die
Farbe geringfügig ändern mag. Je besser der Gesund-
heitszustand eines Patienten vor Beginn einer Krankheit,
desto schneller wird er genesen. Wie wir Ihnen schon
früher zu bedenken gaben, werden Schuhe von besserer
Qualität auch auf Pflege dankbarer reagieren.

Farblose Ledercreme
Sie brauchen keine riesige Schuhputzkiste und eine Palette unterschiedlicher Farben. Nur einen kleinen, weichen Lappen, eine Dose farbloser Ledercreme und eine Menge Muskelschmalz – für Handtaschen und Gürtel ebenso wie für Schuhe.

Fleckentferner
Ein Muß für umgehende Fleckenbeseitigung. In jedem Arbeitsraum eines Modeschöpfers liegt er griffbereit. Wie der Designer Gene Meyer sagt: «Eine komplette chemische Reinigung beseitigt viele Flecken, nimmt manchmal aber auch den Kleidern das Leben.» Mein Lieblingsfleckentferner heißt «White Wizard». Er hat eine pastenförmige Konsistenz, und wenn man ihn mit einem sauberen, weichen Tuch auf einem Fleck verreibt, wirkt er manchmal Wunder. Seitdem ich ihn benutze, hat er mir noch nie einen Stoff verdorben, und er wird in mehreren Katalogen angeboten.

Handwerker, denen Sie vertrauen können
Am allerwichtigsten ist vielleicht das Altbewährte: eine gute, sorgsame Reinigung, ein Schneider oder Flickschneider und ein guter Schuster. Die sind zwar immer teurer als die bisher genannten Lösungen, aber ihr Geld oft wert, insbesondere wenn Sie wenig Vertrauen in Ihre eigenen Fähigkeiten haben. Die Hilfe eines Fachmanns hat ihren Preis, ist für Geld aber fast immer zu haben. Betrachten Sie diese Leute als Ihre Kleiderärzte. Und

wie beim Menschenarzt ist es am besten, Sie bringen Ihre leidenden Schuhe und Kleidungsstücke beim frühesten Anzeichen eines Problems zum Durchchecken. Vorbeugen ist besser als Heilen.

Haarpflege

Es gibt so viele Witze über Tage, an denen das Haar nicht gut aussieht, daß Epidemologen eine Seuche diagnostizieren sollten. Die Wahrheit ist, wenn Ihr Haar schrecklich aussieht, sehen auch Sie selbst schrecklich aus. Aber hier ist die gute Nachricht: Es gibt kein schlechtes Haar, es gibt nur schlecht geschnittenes Haar. Und es gibt nur zwei einfache (aber keineswegs leichte) Regeln: Lassen Sie sich einen wirklich guten Haarschnitt machen und waschen Sie Ihr Haar regelmäßig.

Und hier haben wir den Europäern wenigstens etwas voraus. Bei praktisch allen französischen und italienischen Modeschauen werden amerikanische Hairdresser eingeflogen, um den Models das Haar zu richten. Für die Leute vom Kontinent bedeutet «amerikanisches Haar» Haar, das lebt, das das Licht anzieht und reflektiert – Breck-Girl-sauberes Haar, luftig und leicht. (Woher haben die nur diese Vorstellung? Vielleicht Wiederholungen von *Drei Engel für Charlie*?) Nun, versuchen wir, ihren Phantasien gerecht zu werden.

Einer Phantasie kann allerdings kaum eine Frau gerecht werden: Wenn Sie versuchen, Ihr Haar nach einem

Zeitschriftenfoto oder der Frisur eines berühmten Fernsehstars zu gestalten, lassen Sie sich gewarnt sein. Chris, meine Haarstylistin, nahm mir alle meine Hoffnungen: «Zunächst einmal ist dieser Look, den du da bewunderst, von einem Heer von Spezialisten, das mit Licht, Kamera, Lockenwicklern und Spangen schummelt, für eine kurze Fotosession kreiert worden. Wenn du nicht soviel Platz in deinem Badezimmer hast, daß ein Team von Profis sich da häuslich niederlassen kann, vergiß die Sache.» Und diese Superfrisuren, die Sie bei den Stars der Seifenopern und bei Nachrichtensprecherinnen sehen, sind nur aus diesem einen Grund so übermäßig aufgebauscht: Die Fernsehkamera liebt Übertreibungen. Was auf dem kleinen Bildschirm richtig wirkt, ist im wirklichen Leben unmäßig groß. Wir können Ihnen versichern, daß das Haar Ihres Lieblingsstars im Privatleben völlig anders aussieht. Lassen Sie sich also einen guten, realistischen Schnitt verpassen, der sich nach dem natürlichen Fall Ihres Haars richtet.

Der Schnitt
Aber wie bekommt man einen guten Haarschnitt? Wir kennen alle die Horrorstorys: Er hat Ihnen den Mond versprochen, und Sie haben grauenhaftes Kraushaar bekommen. Es verlangt etwas Zeit und Experimentierfreude, bis man einen kompetenten, sympathischen, aufmerksamen Friseur findet, aber es ist möglich. Ständig schlecht geschnittenes Haar untergräbt unter Umständen nicht nur Ihr Selbstvertrauen, sondern auch Ihre

Glaubwürdigkeit. Schauen Sie sich doch Hilary Clinton an! Versuchen Sie, jemanden zu finden, der sich nicht nur mit Ihrem Haar beschäftigt, sondern auch mit Ihrem Gesicht, Ihrer Persönlichkeit und Ihrem Leben, und der entsprechend schneidet. Hüten Sie sich vor jemandem, der allen den gleichen Haarschnitt verpaßt: nach der gleichen Form gestanzte Frisurentrends, die manchen Kundinnen schmeicheln, für andere aber völlig unpassend sind. Vermeiden Sie auch aufdringliche Diktatoren, die Ihnen ihren Willen aufzwingen und Sie verunsichern (nun ja, vermeiden Sie *jeden*, der das tut). Amys Haarstylist Yves Durif ist der Meinung, daß sich viele Frauen bedauerlicherweise schlechten Friseuren unterwerfen, weil es in ihrem Leben sonst niemanden gibt, der je so persönlich mit ihnen spricht und sie so vertraulich berührt. Ich erinnere mich an einen sehr gut aussehenden Friseur, der mir zum Abschluß immer die Hände auf die Schultern legte, mich verführerisch massierte und mir erklärte, ich sähe wunderschön aus. (Das stimmte nicht, und ich ging nicht mehr hin.)

Sowohl Amy als auch ich sind unbedingt der Meinung, Sie sollten die Arbeit Ihres Friseurs oder Ihrer Friseuse danach beurteilen, wie Ihr Haar direkt nach dem Schneiden und einfachen Trocknen aussieht, und nicht, wenn er daran herumgefummelt, es gesprayt und gefönt und zurückgekämmt hat. Haar mit Stil ist einzig eine Frage des Schnitts – eines Schnitts, der Ihrem Haar entspricht. Wenn Haarstylisten mit Brennschere und Gel, Schaumfestiger und anderem klebrigen Zeugs an Ihnen herum-

fuhrwerken müssen, dann kaschieren sie nur ihre eigenen Unzulänglichkeiten. Sie selbst werden diesen Look
zu Hause nicht mehr hinbekommen. Vergessen Sie die
Zaubermittelchen. Sie kosten viel Arbeit, sind teuer und
erfüllen selten die geweckten Erwartungen. Denken Sie
lieber daran, worum es bei *Stil mit Gefühl* geht: Nehmen
Sie sich die Zeit, herauszubekommen, welche einfache
Frisur für Sie richtig ist, und bleiben Sie dann dabei. Mit
nur einer Bürste, einem Kamm, einem Fön und – allenfalls – ein klein wenig Gel oder ein paar Spraystößen
sollten Sie Ihr Haar zu Hause herrichten können. (Wenn
Sie sich dabei ertappen, daß Sie jeden Morgen verzwei-
felt in den Spiegel starren und sich nach einem Toupet
sehnen, sind Sie definitiv auf der falschen Spur.) Bedenken Sie auch, daß Friseursalons durch diese mit großer
Gewinnspanne verkauften Produkte ordentlich Geld
machen, während das Zeug beim Kunden dann oft unge-
nutzt herumsteht. Wenn Ihr Friseur Ihnen immer wieder
etwas aufdrängen will, suchen Sie sich einen anderen.
Und denken Sie an die Worte des Haarstylisten Yves:
«Ein guter Schnitt *ist* die Frisur.»

Färben und Dauerwelle
Das Grundprinzip ist hier: Respektieren Sie die natürliche Farbe und Struktur Ihres Haars, und es wird es Ihnen
danken! Mit wenigen Ausnahmen werden drastische Ab-
weichungen von dem, womit die Natur Sie ausgestattet
hat, niemals das gewünschte Ergebnis zeitigen. Außerdem
sind solche Lösungen niemals einfach oder leicht zu errei-

chen. Für jeden Haartyp gibt es wunderschöne Frisuren. Allgemein gesprochen ist es empfehlenswert, mit seinen Wellen, seinem Kraushaar oder seinen Schnittlauchlocken nicht im Clinch zu liegen, denn man zieht unweigerlich den kürzeren. Angegriffenes, von zuviel Bleiche und Dauerwelle strapaziertes Haar wirkt kaum je stilvoll. Die meisten von uns unterliegen einfach dem «Auf der anderen Seite ist das Gras grüner (oder lockiger oder blonder oder röter)»-Syndrom. Ist Ihnen schon einmal aufgefallen, daß die Lockenköpfe immer glattes Haar wollen, die Glatthaarigen Locken, die mit dickem Haar feines und die mit feinem Haar mehr Volumen? (Okay, zugegeben, Blonde wollen nie brünett sein, aber dafür müssen sie mit den Blondinenwitzen leben.) Führen wir diesen Gedanken zu seinem logischen Ende, müssen wir folgern, daß jeder Haartyp seine Anhänger hat. Schließen Sie also Frieden mit dem Ihren. Vergessen Sie nicht, sich selbst akzeptieren ist die wichtigste Voraussetzung für Stil.

Was das Färben von grauem Haar betrifft, so kennen wir Frauen, die es machen, und andere, die es seinlassen. So oder so kann man großartig aussehen. Liz Tilberis, die Chefredakteurin von *Harper's Bazaar*, trägt ihr silbrig weißes Haar in einem wunderbar frechen Schnitt, der nicht nur fantastisch aussieht, sondern auch viel jünger wirkt als die meisten Lösungen, mit denen das Grau kaschiert wird. Viele Frauen haben aber das Gefühl, daß graues Haar für Altern steht, und zweifellos verändert es die Wirkung von Kleidung und Make-up. Wenn Sie der Meinung sind, das Grau färben zu müssen, achten Sie

darauf, daß Sie den Haaransatz immer rechtzeitig nach-
färben lassen; nichts sieht schlimmer aus als eine heraus-
gewachsene Färbung.

Augenbrauen
Und wo wir gerade beim Haar sind: Vergessen Sie nicht,
auch auf gepflegte Augenbrauen zu achten. Auch sie
definieren das Gesicht und geben ihm einen beträchtlichen Teil seiner Ausdruckskraft. Denken Sie an Eliza-
beth Taylor, Brooke Shields, Audrey Hepburn oder Linda
Evangelista.

Nagelpflege

Kurz und weich ist genau das richtige für ein Paar
Socken, doch kaum das, was wir für unsere Nägel an-
streben. Meine Nägel sind babyhaft weich und reißen ein
wie Papier. Amys Nägel splittern, blättern ab und brechen, noch bevor sie an den Fingerkuppen ankommen,
und von früher Jugend an hat sie jedes Gegenmittel aus-
probiert, von Gelatinetrank bis zu Kleber, Hüllen, künst-
lichen Nägeln und Puder. (Der Trank hat nicht gescha-
det, doch all die anderen klebrigen Behelfsmittel waren
zeitraubend, teuer und schlußendlich auch schädlich.)
   Schließlich fand Amy eine Maniküre, die wie eine erfahrene Gärtnerin all das künstliche Zeug verbannte und
Amy half, gesündere Nägel heranzuziehen. Sie zwang sie,
sie kurz und nur poliert zu tragen, ohne Lack. Nach den

vielen Jahren mit scharlachroten Fingernägeln verblüffte es Amy zunächst, ihre Hände so zu sehen. Jetzt aber ist sie davon begeistert. Sie sehen sauber, einfach und schick aus, und sie kann den Salon ohne diese entnervend lange Trockenphase direkt nach der Maniküre verlassen.

Ich lasse meine Nägel ein bißchen wachsen, doch habe ich gelernt, ein nagelstärkendes Mittel aufzutragen, nicht nur einfach Lack. Bei der Maniküre fand man eine neutrale Farbe für mich, «Olivia-Beige»! Jetzt brauche ich nicht mehr darüber nachzudenken, ob die Farbe meiner Nägel sich mit der des Mantels beißt oder ob der Lack absplittert. Halleluja! Was für eine Erleichterung!

Gepflegte Hände heißt, daß die Nägel sauber sein müssen und Nagelhaut und Nagelbett glatt. Falls Sie von Natur aus kräftige Nägel haben, die Nagellack gut vertragen und auch länger gewachsen nicht abbrechen, schön für Sie. Andernfalls sollten Sie Ihre Drachenlady-Klauen stutzen. (Nebenbei gesagt, wenn Sie sich in einer Zeitschrift die Fotos der Models anschauen, werden Sie selten besonders lange Nägel entdecken.) Falls aber lackierte Krallen Ihr Markenzeichen sind, ist das völlig in Ordnung. Meine Freundin Rose Nappi könnte ohne ihre langen, glänzend lackierten Fingernägel nicht leben. Auf dem einen steht sogar ihr Initial. Für Rose sind sie all den Pflegeaufwand und die Zeit wert. Achten Sie aber immer auf ordentliche Nägel. Abgesplitterter Nagellack bedeutet für Finger das gleiche wie Laufmaschen für die Strumpfhose. Es ist ein sicherer Weg, Ihren sorgfältig kultivierten Look zu verderben.

Pediküre ist vielleicht nicht ganz so gut sichtbar oder wichtig wie Maniküre, bedenken Sie aber folgendes: Zunächst einmal sind Füße in der Regel nicht gerade der größte Pluspunkt unserer Anatomie. Und doch könnten wir uns ohne sie nicht vorwärts bewegen, und viel zu oft stecken wir sie in zu enge, zu hohe oder zu spitze Schuhe. Dann wundern wir uns, daß sie protestieren. Achten Sie auf Hühneraugen, Niednägel usw. und schneiden, feilen, polieren oder lackieren Sie die zehn kleinen Zappelmänner. (Übrigens verwendet Amy das Rot, das sie früher immer auf den Fingernägeln trug, jetzt für die Zehen!) Wenn Sie nun denken: «Also, das ist mir einfach zuviel Theater, immerhin sieht die keiner außer mir», dann beherzigen Sie folgende Geschichte von Gloria Vanderbilt. Als sie als junges Mädchen eine ältere Freundin fragte, warum sie solch teure wunderschöne Unterwäsche trage, die ja doch keiner sehe, antwortete diese: «Aber *ich* sehe sie!» Das ist ein guter Leitspruch, der sich allgemein anwenden läßt – auf das Innenfutter Ihrer Jacken, das Innere Ihrer Handtasche und alles, was außer Ihnen keiner zu sehen bekommt. *Sie selbst* sind Ihr wichtigstes Publikum.

Hautpflege

F. Scott Fitzgerald schrieb: «Lassen Sie mich Ihnen von den sehr reichen Leuten erzählen. Sie sind anders als Sie und ich.» Er hatte recht, doch nur in einer wichtigen Hinsicht: Sie haben eine schönere Haut.

Nichts ist mit dem Anblick sauberer, klarer, gut ge-
pflegter, schimmernder Haut zu vergleichen. Liz Lee,
ein Model mit einer der längsten Karrieren in diesem
Geschäft, sagt: «Gute Haut ist eine Voraussetzung, auf
die jede Agentur bei einem Mädchen achtet. Es kann jederzeit abnehmen, aber einen schönen Teint kann es
nicht vortäuschen.» Beinahe jede Berühmtheit, die wir
persönlich gesehen haben, hat diese allen gemeinsame
Eigenschaft – makellose Haut. Die Kamera ist verrückt
danach. Werden die damit geboren oder ist es eine Folge
guter Gewohnheiten? Kommt dieses Schimmern von
regelmäßigen Saunaanwendungen, Dampfbädern, Ge-
sichtsbehandlungen und sportlicher Betätigung? Wir
sind uns da nicht sicher, doch wenn das Glück Ihnen
schon die Gene vorenthalten hat, die Sie eigentlich verdienen, dann holen Sie das Beste aus Ihrer Haut heraus,
indem Sie sie sorgfältig und gewissenhaft pflegen.

Kein Künstler würde auf eine fleckige, speckige Lein-
wand ein wunderschönes Bild malen, warum also Make-
up auf ungepflegte Haut auftragen? Der Glanz der Haut
kommt wie das Licht eines Diamanten aus dem Innern.
Es ist nicht damit getan, für die Hautreinigung die oberste Hautschicht mit guten Seifen und Lotionen frei von
Schmutz zu halten. Hier geht es um eine tiefere Reinigung – darum, all das Fett, den Schmutz und die abge-
storbenen Zellen aus den Poren herauszubekommen.
Das ohne Hilfe zu schaffen ist nicht einfach, doch
Dampfbäder und Gesichtsmasken können helfen. Wenn
Sie das Geld irgend entbehren können – schließlich ha-

ben Sie schon eine ganze Menge bei Kleidung, Haaren und Nägeln gespart –, sollten Sie Ihr Gesicht regelmäßig von einer Kosmetikerin behandeln lassen. Wie Simi, Amys Kosmetikerin, sagt: «Man sollte eine Gesichtsbehandlung nicht als Luxus ansehen oder als etwas, was man sich nur in den Ferien gönnt. In Europa legen selbst Frauen mit bescheidenen Mitteln regelmäßig Geld für eine Gesichtsbehandlung beiseite.»

Bei einer guten Gesichtsbehandlung wird Ihre Gesichtshaut nicht einfach nur massiert – es geht darum, die Poren zu öffnen, Pickel und Mitesser zu entfernen, die Poren wieder zu schließen und die Haut zu kräftigen. Es ist nicht immer ein angenehmer Vorgang, wenn jemand direkt neben Ihrer Nase durch ein Vergrößerungsglas auf Ihre Haut schaut und alten Schmutz herausdrückt, aber es ist die Sache wert. Wenn die Kosmetikerin gut ist, sollte es kaum weh tun, und auch Ihr Gesicht sollte nicht erdbeerrot sein, wenn Sie wieder hinausgehen. Und genau wie Ihr Friseur sollte auch sie Ihnen keine Produkte aufdrängen.

Und lassen Sie sich unterdessen nicht durch den Trick einer Kaufhausverkäuferin in Verlegenheit bringen, die Ihnen mit einem Produkt übers Gesicht reibt und Ihnen dann das Ergebnis zeigt – einen grauen Wattebausch. Nein, Sie sind nicht schmuddelig. Bei uns allen löst sich regelmäßig die oberste Hautschicht, und das sieht auf dem Wattebausch grau aus. Das kann jeder. Aber diese Art von Wischen ist keine porentiefe Reinigung.

Da es hier darum geht, die Dinge einfach zu belassen,

will ich hinzufügen, daß Ihre Haut, wenn sie erst einmal sauber ist, sonst nicht mehr viel braucht. Die meisten Dermatologen sind sich darin einig, daß eine einzige Feuchtigkeitscreme das gleiche bewirkt wie eine Augencreme, eine Tagescreme und eine Nachtcreme (wenn Amy auch auf allen dreien besteht).

Wenn Sie ein chronisches Problem mit Akne oder Ausschlägen haben oder Aknenarben, so empfehlen wir Ihnen dringend, einen erstklassigen Dermatologen zu Rate zu ziehen oder, falls nötig, einen hervorragenden Gesichtschirurgen, damit getan wird, was möglich ist. Ein guter Dermatologe wird Ihnen erklären, daß neunzig Prozent der Versprechungen, die zu Hautkosmetikprodukten gemacht werden, entweder gelogen oder zumindest übertrieben sind. Mein Dermatologe hat mir über eine peinliche (und spät erblühte) Akne hinweggeholfen, die mich mit dreißig erwischte. Kein Kosmetikum konnte helfen. Was ich brauchte, waren ein paar Medikamente vom Arzt. Und damit war das Problem erledigt.

Make-up

Nun, wo Ihre Haut schöner aussieht, was sollen Sie auflegen? Make-up läßt wie die Kleidung Rückschlüsse auf die Persönlichkeit zu und ist ein weiteres Mittel des Selbstausdrucks. Zunächst einmal müssen Sie wissen, wie Sie aussehen wollen. Und wieder ist hier einige Überlegung erforderlich. Wer sind Sie? Wie sehen Sie wirklich aus und wie wollen Sie wirken? Wie schon für Ihre Garderobe empfohlen, ist das Ziel hier, daß Sie sich selbst kennenlernen, Ihre Methode vereinfachen, eine Make-up-Routine finden und dabei bleiben. Michelle Carr, Make-up-Künstlerin in New York, erklärt dazu: «Natürlichkeit bedeutet nicht den Verzicht auf Make-up – sondern die richtigen Farben für einen eleganten Look.»

Vor langer Zeit hat Amy ihre Malutensilien weggelegt und zur Schreibfeder gegriffen. Doch noch heute nimmt sie sich jeden Morgen ihren Schminkpinsel und macht sich daran, ihr Selbstportrait zu schaffen. Die Kunst des Make-up beginnt mit dem Werkzeug. Kosmetika sind nur so gut wie die Hilfsmittel, mit denen sie aufgetragen werden. Beginnen Sie mit einem Satz guter Pinsel – und dann sortieren Sie Ihre Berge von Make-up aus wie ein *Stil-mit-Gefühl*-Profi. Dieser blaue Eyeliner, den Sie vor fünf Jahren fünffach gekauft hatten, weil Sie überzeugt waren, er sei das Geheimnis schöner Augen – in den Müll damit. Die zwölf Schattierungen von Rouge? Kein Mensch braucht mehr als zwei. Die Wimpernzange, die Sie eigentlich jeden Morgen verwenden wollten, wäre die Zeit nicht immer so knapp? Weg damit. Der glitzergrüne Lidschatten, den Sie vor drei Jahren zu Halloween benutzten und für den nächsten Kostümball aufbewahren – in den Mülleimer. Dieses Make-up-Set mit den siebenhundert Farben, den zerzausten kleinen Pinselchen und der jämmerlichen Maskara, die schon in der ersten Woche eingetrocknet war – nichts davon birgt den Schlüssel zu einer einfachen Routine. Wenn Sie Ihr Kosmetikkästchen durchgegangen sind, betrachten Sie genau, was übrig ist – die Sachen, die Sie tatsächlich benutzen. (Wir hoffen, mehr als ein einziges Wattestäbchen!) Gehen Sie diese Überbleibsel noch einmal durch und überlegen Sie, ob Sie davon nicht noch etwas aussortieren können. Was dann noch übrigbleibt, könnte die Grundlage Ihres täglichen Make-up-Rituals werden.

Und vergessen Sie die altmodische Idee eines «anderen Looks für den Abend». Dafür genügt Ihr übliches Tages-Make-up mit etwas mehr Intensität. Und denken Sie an all die Zeit, das Geld und die Stellfläche im Bad, die Sie sparen.

Hier noch einige grundlegende Make-up-Tips:

Benutzen Sie ein Make-up-Schwämmchen
Beinahe jeder profitiert von der Verwendung eines Schwämmchens zum Auftragen der Grundierung. Mit den Fingern wird es einfach nicht richtig. Amy benutzt Make-up Pads, die auch professionelle Models und Schauspieler verwenden. Ich ziehe natürliche Meeresschwämmchen vor. Und werfe die oft weg. Schmutzige Schwämme sind eine Brutstätte für Keime und verursachen dadurch Hautprobleme.

Wenn Sie das richtige Produkt oder den richtigen Look finden, bleiben Sie dabei
Es ist wie bei der Kleidung – wenn Ihr Gesicht den einen Tag bleich geschminkt ist, mit hochroten Lippen, und Sie

am nächsten Tag kalifornische Bräune aus der Tube zur Schau tragen, dann haben Sie keinen Look. Es gibt viele Gesichter, die wir bewundern, vom natürlichsten, unauffälligsten Make-up bis zu den hochstilisierten Extremen. Aber jeden Tag ein neues Gesicht stiftet Verwirrung.

Ignorieren Sie «Gratis-Proben»
Normalerweise dienen die ohnehin nur der Produktwerbung. (Und ich sehe damit immer wie ein Clown aus.) Die alte Redewendung, daß, was nichts kostet, auch nichts wert ist, trifft hier genau zu. Wenn Sie mit Ihrem gegenwärtigen Make-up wirklich unzufrieden sind, suchen Sie sich eine gelernte Kosmetikerin, bezahlen Sie die Sitzung und lassen Sie sich etwas Neues beibringen.

Kaufen Sie Ihre Lieblingsprodukte auf Vorrat
Da Farben häufig vom Markt verschwinden, kaufen Sie das, was Ihnen gefällt, gleich mehrfach. Lagern Sie Ihren Make-up-Vorrat im Kühlschrank, damit er frisch bleibt.

Benutzen Sie kein fremdes Make-up
Augenentzündungen, Herpes, Akne und Ausschläge sind ansteckend. Es gibt keinerlei Grund, jemals das Maskarastäbchen oder den Lippenstift anderer Frauen zu benutzen.

Verwenden Sie für die Lippen einen Konturenstift
Mit dem Lippenstift aufgetragen, verbessert er dessen Haltbarkeit.

Ignorieren Sie «Verkaufsgeschenk-Werbeaktionen»

Wenn das als Zusatzgeschenk vergebene Produkt nicht eines ist, das Sie ohnehin schon benutzen und mögen – was selten der Fall sein wird –, vergessen Sie diese «Geschenke» und Dreingaben. Am Ende kaufen Sie unweigerlich Sachen, die Sie nicht brauchen, um ein nutzloses Geschenkchen zu ergattern. Und das alles verstopft dann Ihr Make-up-Bord, das genauso frei von allem Überflüssigen sein sollte wie Ihr Kleiderschrank.

Als Basisregel gilt, daß man mit seinem Make-up lieber die Gesichtszüge betonen sollte, auf die man die Aufmerksamkeit lenken will, als das zu kaschieren, was man nicht mag, oder etwas zu kreieren, was gar nicht da ist. «Der beste Weg, gut auszusehen, ist ganz einfach, das zu verstärken, was man hat», sagt der renommierte Make-up-Künstler Kevyn Aucoin. Wenn Sie nicht in einem japanischen Kabukitheater auftreten wollen, sollten Sie darauf verzichten, sich ein zweites Gesicht aufzumalen. Dunkle Farbkleckse werden niemanden dazu bewegen, Ihnen hohe Wangenknochen abzunehmen, wenn Sie diese eben nicht haben, und auch Schlupflider lassen sich nicht einfach wegmalen. Dünne Lippen sehen einfach nur schlampig aus, wenn Sie sie weit außerhalb Ihrer natürlichen Lippenkonturen umranden, um sie voller wirken zu lassen. Diese Camouflage-Technik funktioniert manchmal bei Fotos, niemals aber in echt. Wie Evy, eine Visagistin, sagt: «Man will doch, daß die Leute die Augen sehen und nicht das Augen-Make-up.» Michelle Carr von Face Stockholm zufolge ist der häufigste Make-up-Fehler, daß «sehr viele Frauen ihren Augen nicht trauen. Sie tragen zu dick auf, und das wäre gar nicht nötig.»

Amy verstärkt ihren natürlich blassen Teint gerne leicht mit Grundierung, Puder und dunkelrotem Lippenstift und betont ihre mandelförmigen Augen mit einem dunklen, schrägen Lidstrich nur auf dem Oberlid. Ich umrande meine großen runden Augen mit Lidschatten und lasse die Lippen, die schon von Natur aus viel Farbe aufweisen, relativ unbetont. Unsere Methoden sind völlig verschieden, haben aber eines gemeinsam: Wir beherrschen unsere Make-up-Routine wie am Schnürchen. Wenn wir es auch nicht ganz mit geschlossenen Augen schaffen, erledigen wir unsere morgendliche Schminksitzung zumindest mit einem Minimum an Nachdenken – und praktisch in Null Komma nichts. Diana Vreeland, die ihren zinnoberroten Lippenstift ohne einen Blick in den Spiegel auftragen konnte, kommentierte trocken: «Meinen Sie denn, nach all diesen Jahren wüßte ich nicht, wo meine Lippen sitzen?»

Der Stil Ihres Make-ups sollte sich am Stil Ihrer Kleidung orientieren (und beide natürlich an Ihrer Identität, Ihrer Persönlichkeit, die Sie mit Hilfe von *Stil mit Gefühl* für sich definiert haben). Amy mag ein gewisses Maß an exotischer Raffinesse, die zu ihrer urbanen, sehr stilisierten, hochmodischen Garderobe paßt. Ihr Make-up und ihre Kleidung sind fast wie eine Modezeichnung. Meine kosmetische Palette beruht dagegen genau wie meine Garderobe auf eher unauffälligen neutralen Tönen. Ist

Ihr Stil sportlich, mädchenhaft, klassisch, maßgeschneidert oder extravagant? Werden Sie sich darüber klar und achten Sie dann darauf, daß Ihr Make-up diesen Stil vervollständigt.

Wir müssen nicht eigens erwähnen, daß Wanderkleidung nicht zu langen, sternstrahlenartigen Wimpern und magentarot funkelnden Lippen paßt. Ein saubergeschrubbtes, ungeschminktes Gesicht paßt nicht zu Satinvolants und Schleifchen. Und hüten Sie sich davor, die Farbtöne Ihres Make-ups passend zur Garderobe zu wählen. Nur kein mit der Farbe Ihres Gürtels harmonierender Lidstrich! Ihre Make-up-Farbtöne sollten sich an Haut- und Haarfarbe orientieren, nicht an Ihrem giftgrünen Pullover. Die von Ihnen gewählten Schattierungen sollten so neutral sein, daß sie zu allem passen, was Sie tragen. Und was ist das nur immer mit dem Lippenstift? Jede Frau, die ich kenne, hat zwanzig davon, obwohl sie die meisten nicht benutzt. Allerhöchstens zwei oder drei Lippenstiftfarben sind genug – eine, die von Ihrem Teint absticht, und zwei, die damit verschmelzen.

Wenn Sie aber gegen alle Make-up-Ratschläge resistent sind, tun Sie sich den einen Gefallen und halten Sie sich wenigstens an die folgenden zwei fundamentalsten Regeln.

*Lassen Sie die Farben ineinander übergehen — keine
Demarkationslinien um Rouge, Puder, Grundierung,
Lidschatten — nur das wirkt gekonnt*
Amy schwört auf durchsichtigen Gesichtspuder unter
und auf ihrem Make-up, um diese elegante Wirkung zu
erzielen. Natürlich hat jede Regel ihre Ausnahme, und
ich habe tatsächlich ein Mädchen mit Day-Glo-orangen
Lippen und dünnen, orangefarbenen Strichen entlang
den oberen Augenwimpern gesehen. Sie sah fantastisch
aus, doch das ist nichts für jedermann. Und sie war noch
keine siebzehn.

*Zehn bis fünfzehn Minuten Zeit sollten Sie maximal für
Ihr Make-up investieren — sonst stimmt etwas nicht*
Wenn Ihre tägliche Make-up-Routine nicht schnell geht,
ist sie zu kompliziert. Oder Sie tragen einfach zuviel
Make-up auf. Es sei denn, Sie mögen diesen Tammy-
Faye-Look, dann sind Sie ohnehin auf sich selbst gestellt.

Düfte

Der Duft einer Frau sollte sowohl wunderbar als auch
geheimnisvoll sein. Und wie jedes gute Geheimnis darf
er sich nicht schon aus drei Meter Entfernung präsentie-
ren. Ein Parfüm sollte weder Ihr Eintreten verkünden
noch wie die Auspuffwolke eines Diesel hinter Ihnen her-
schleppen. Es sollte halb intim sein, nur von denen er-
schnuppert werden können, die das Privileg genießen,

Ihnen nahe zu kommen. Ein Franzose in unserem Bekanntenkreis erinnert sich liebevoll, wie seine *Maman* ihm am ersten Schultag ihr parfümduftendes Taschentuch zusteckte, damit er sie nicht so vermißte. Diese anrührende Geschichte hätte er niemals von einer Frau mit multipler Parfümpersönlichkeit erzählen können.

Gerüche haben große Macht und beeinflussen uns oft unbewußt. Wann immer ich Bücherleim rieche, denke ich an meinen Kindergarten und Mrs. Ackermann, die Erzieherin, zurück. Ein Geruch kann aber auch eine unsichtbare Barriere aufbauen. Einmal, als Teenager, hatte ich mich bis über beide Ohren in einen poetischen blonden Jungen verknallt, der mir aber aus dem Weg ging. Jahre später, nach dem College, begegneten wir uns wieder, und er gestand mir, daß er den Geruch meines Gesichts verabscheut hatte – ein ganz harmloses Hautreinigungsmittel, das ihn zu meinem Pech an das Rasierwasser seines Vaters erinnerte.

Ihr Geruch ist eng mit Ihrer Identität verbunden, und so schlagen wir Ihnen vor, daß Sie sich einen Duft aussuchen und diesem dann treu bleiben. Das ist kultivierter und gleichzeitig einfacher. Geben Sie nichts auf die Parfümeure, die Ihnen weismachen wollen, Sie bräuchten einen Morgenduft, einen Abendduft und einen Duft für jede Jahreszeit. Ohnehin verkaufen sie schon das Produkt mit der größten Gewinnspanne im Sektor Mode.

Und auch hier noch einmal: Kaufen Sie keine billigen oder Imitationen berühmter Marken. Deren Duft verändert sich oft mit der Zeit, wenn das Parfüm mit der Haut reagiert. Ganz nach dem Leitspruch meiner Freundin Connie: «Ehrlicher Körpergeruch riecht verdammt viel besser als Stinkewasser.» (Und finden Sie es nicht auch merkwürdig, daß eine bestimmte Körperlotion als unfehlbares Antiinsektenmittel verwendet wird? Was, so fragen wir, soll sie eigentlich anziehen?) Und schließlich sollten Sie noch den Fehler vermeiden, andere duftende Pflegeprodukte gegen Ihren ausgewählten Duft in den Kampf zu schicken. Sie schwächen und verwischen Ihr Duftbild, wenn Sie parfümierte Hautcreme, parfümiertes Haarspray, Deodorant und Badegel gleichzeitig verwenden. Kaufen Sie aufeinander abgestimmte Produkte oder «duftneutrale».

Bedenken Sie, daß bei Parfüm das Einfache nicht nur einfacher ist, sondern die einzige Möglichkeit überhaupt.

VERÄNDERUNGEN

oder

Was? Nach all der Mühe?

Wer sich einer Sache verbunden fühlt,
erliegt auch ihren Illusionen;
die Wirklichkeit kann nur sehen,
wer ungebunden ist.

Simone Weil

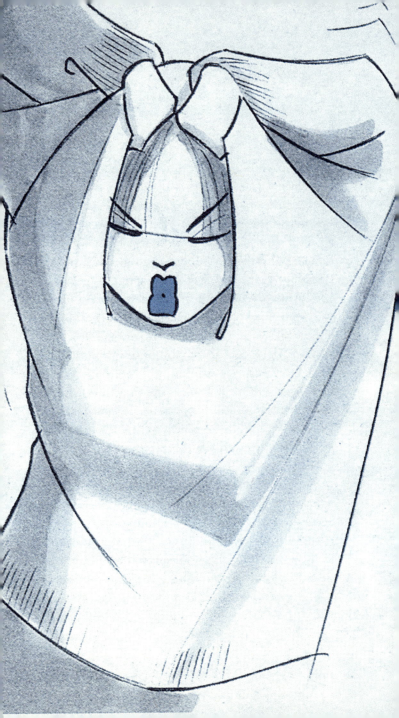

m Leben vieler Frauen kommt eine Zeit, wo eine Veränderung des Stils angebracht ist. Solch ein Moment mag
nach einer Scheidung eintreten, nach einem Berufswech-
sel, einem wichtigen Geburtstag, einem Umzug, einer
wesentlichen Veränderung der Haarfarbe, durch die Mut-
terschaft oder durch eine neue Beziehung. Sie haben das
Gefühl, sich zu häuten, so daß unter der alten, müden
Haut eine neue zum Vorschein kommt. Das heißt also,
obwohl Sie sich jetzt in Ihrem Kleiderschrank gefunden
und den für Sie besten persönlichen Stil entdeckt haben,
bleibt es durchaus möglich, daß Sie ihm eines Tages entwachsen. Das bedeutet nicht, daß Sie sich jedesmal, wenn
Ihre Lebensumstände sich ändern, neu definieren müssen. Dieses zukünftige Ereignis stellen wir uns – falls es
eintritt – nicht als einen schockartigen Identitätswechsel
vor, sondern als einen gesunden, meist allmählich vollzo-
genen Übergang von einer Lebensphase zur nächsten.

Und – selbst wenn in Ihrem Leben keine neue drama-
tische Wende eintritt – es gibt Veränderungen von Geschmack und Mode, die im Laufe der Zeit unvermeidlich
eintreten. Nein, das sei hier wiederholt, wir raten Ihnen
nicht, jeden neuen Trend mitzumachen. Wir meinen nur
kleinere Anpassungen und Korrekturen im Rahmen der
Zeitströmung. Wenn Sie also einen echten, beständigen
Look für sich selbst gefunden haben, werden Sie wahr-

scheinlich feststellen, daß Sie, um nicht einer in Bernstein zum Fossil erstarrten Ameise zu gleichen, von Zeit zu Zeit leichte Anpassungen vornehmen müssen. Uns allen ist schon oft das eine oder andere altmodische Frauchen über den Weg gelaufen, das ein Opfer der von Amy so genannten «Selbstbild-Erstarrung» geworden ist. Amy erinnert sich an eine aschblonde Dame mit toupierter Hochfrisur, falschen Augenwimpern und perlmuttweiß überhauchtem rosa Lippenstift in einem kurzen, enganliegenden Leopardenmantel – kurz, ein Look wie einem Standbild von 1962 entsprungen. Es war aber das Jahr 1982! Und obwohl die Frau einen anrührend exzentrischen Anblick bot, erweckte sie auch Mitleid. Diese Frauen mit der «Selbstbild-Erstarrung» scheinen durch ihre Kleidung zu verkünden, daß sie vor zwei, drei oder vier Jahrzehnten zum letzten Mal glücklich waren.

Noch mal: Wir empfehlen Ihnen nicht, jedem Trend zu folgen, um mit der Mode Schritt zu halten. Emanuel Ungaro sagt: «Viele Frauen begehen den Fehler, den Trends zu folgen, statt sich selbst im Spiegel anzuschauen.» Und Bill Blass, die amerikanische Modeinstitution, erklärte uns: «Unterwerfung unter die Trends ist der häufigste Fehler, den ich in der Garderobe von Frauen sehe.» Damit wirken Sie nur wie eine Frau, die in der Herde mitläuft, und nicht wie eine Frau mit Stil. Wenn Sie die Fotos von Frauen mit Stil über die Jahrzehnte hinweg betrachten, werden Sie nur in der Retrospektive bemerken, wie sie ihren Stil der Zeitströmung anpaßten. Sie erreichten dieses Ziel trotz des Paradoxons der Mode. Sie wandelten sich ständig und blieben doch dieselben. Natürlich konnten viele von ihnen sich den Luxus leisten, sich an Kleidern zu kaufen, was sie nur wollten, und doch hatte sich jede für einen ziemlich beständigen Look entschieden. So der Designer Valentino, der Jackie viele Jahre lang ausstattete: «Auf beinahe magische Weise war Jackie Onassis immer modern, ohne ihr Aussehen entscheidend zu verändern. Vielleicht variierte die Hosenlänge ein wenig, das Haar wurde länger oder kürzer, die Rocklänge änderte sich um ein paar Zentimeter. Doch ihr Look wies keine Brüche auf, war großartig und blieb auf eine sportliche, amerikanische Art immer beständig.»

Ganz allmählich mit der Zeit gehen, das ist die ideale Methode, seinen Stil zu bewahren, ohne einerseits den Trends nachzuhecheln oder andererseits in die Falle der «Selbstbild-Erstarrung» zu tappen. Paradoxerweise muß ein Klassiker sich immer geringfügig wandeln, um im Auge der Zeitgenossen attraktiv zu bleiben. Es ist ein offenes Firmengeheimnis, daß das klassische quadratische Parfümfläschchen für Chanel No. 5 hin und wieder geringfügig verändert wird, damit das «zeitlose Design» niemals veraltet. In der Zeit des Art déco hatte das Flakon harte, scharfe Kanten, doch in den Fünfzigern, als sich beim Design von Industrieprodukten ein anderer Geschmack durchsetzte, wurden diese abgerundet, damit das Fläschchen zwischen den geschwungenen Linien der Automobile und den nierenförmigen Couchtischchen nicht fehl am Platz wirkte. Trotz dieser kleinen Variationen hat das Flakon jedoch nie seine Identität verloren.

Dieses Prinzip wäre, wenn wir es auf uns selbst anwenden könnten, die perfekte Methode. Wie die Schriftstellerin Annette Tapert, Autorin von «The Power of Style», sagt: «Man erschafft nicht ein für allemal ein Bild von sich. Stil ist ein ununterbrochener kreativer Prozeß.»

Leider verfügt jedoch keine von uns über ein Team von Designern, das unserem Stil im Bedarfsfall einen Schubs gibt. Woher wußten die damals eigentlich, wann sie das Chanel-Flakon modernisieren mußten? Hier ist ein Fragebogen, der Ihnen vielleicht weiterhilft.

Wenn Sie einmal «Ja» ankreuzen, sollten Sie sich mit dem Gedanken an eine Veränderung beschäftigen. Wenn Sie zwei oder mehr Kreuzchen beim «Ja» haben, sollten Sie die Sache definitiv ins Auge fassen. Nehmen Sie sich diese Liste in einem Jahr oder von Zeit zu Zeit noch einmal vor.

Hat sich Ihr Äußeres in letzter Zeit deutlich verändert? (Stark ab- oder zugenommen, neue Frisur oder Haarfarbe usw.?)

J   N

Sind Sie in eine andere Klimazone umgezogen und müssen Ihre Kleidung den neuen Gegebenheiten anpassen?

J   N

Müssen Sie für die Schwangerschaft oder nach der Geburt eines Kindes eine neue Garderobe zusammenstellen?

J   N

Müssen Sie sich für eine neue Stelle anders kleiden?

J   N

Hat die Notwendigkeit zur Veränderung Sie wie eine plötzliche Erleuchtung überkommen?

J   N

Erhalten Sie von verschiedenen Seiten immer wieder gleichlautende Ratschläge?

J   N

Wenn sich Ihr Äußeres verändert hat

Unnötig zu sagen, daß im Falle eines beträchtlichen Gewichtsverlusts, einer ebensolchen Gewichtszunahme oder einer sonstigen deutlichen Veränderung Ihres Äußeren (kosmetische Chirurgie, völlig neue Frisur usw.) auch Ihre Garderobe betroffen ist (oder betroffen sein sollte). Als eine ältere Freundin von uns beschloß, ihr Haar fortan nicht mehr zu färben, und es in einem wunderschönen Silbergrau trug, stellte sie fest, daß nur noch wenige ihrer Kleidungsstücke so aussahen wie früher. Aus einer auffallenden Brünetten war sie zu einer ebenso auffallenden, aber sehr hellen Erscheinung geworden. Daraufhin mußte sie sich auch anders anziehen. Wenn Sie sich blondieren lassen, wenn Sie braun gebrannt sind oder auch schon wenn Sie Ihr Make-up, Ihre Frisur oder vielleicht Ihre Kontaktlinsenfarbe entscheidend verändern, müssen Sie möglicherweise zumindest einen Teil Ihrer Garderobe neu überdenken, und das bedeutet vielleicht, daß Sie neue Sachen kaufen müssen. (Aber bitte nicht, bevor Sie Kapitel 3 noch einmal durchexerziert haben!)

Wenn Sie in eine andere Klimazone umgezogen sind

Nachdem ich viele Jahre im Norden der Vereinigten Staaten gelebt hatte, zog ich nach Florida um und stellte fest, daß ich nicht die richtige Kleidung besaß. Es ging nicht nur darum, daß ich die Hosen aus Wollstoff gegen solche aus Leinen vertauschen mußte. Ich stellte fest, daß das Licht, der Lebensstil und die Erwartungen in Florida anders waren. Die Menschen kleideten sich tagsüber lässiger, putzten sich aber abends feiner heraus, als ich es gewohnt war. Sonderbar. Ich brauchte eine ganze Weile, bis ich herausfand, was für mich paßte. Kompliziert wurde die Sache außerdem, weil ich wegen der Klimaanlagen nach wie vor Pullover oder Blazer brauchte.

Falls Sie umziehen, stellen Sie vielleicht fest, daß Sie Ihre komplette Garderobe neu überdenken müssen. Überstürzen Sie aber nichts. Behelfen Sie sich mit ein oder zwei Outfits aus Ihrer schon existierenden Frühjahrs- oder Sommergarderobe, bis Sie herausgefunden haben, was das richtige für Sie ist. Tagsüber kleide ich mich noch immer förmlicher als viele der Leute in Florida, und abends klimpern noch immer keine Ziermünzen an meinem Kleid, aber meine Garderobe hat sich verändert. Und ich fühle mich wohl damit.

Wenn Sie schwanger oder Mutter geworden sind

Amy meint, die Schwangerschaft sei schon schwierig genug, auch ohne die zusätzliche Bürde, nicht zu wissen, was man anziehen soll! Diese von Freundinnen geborgten alten Sachen und von Schwiegermüttern gekauften Kartoffelsäcke sind fast noch schlimmer als die morgendliche Übelkeit. Nancy Robinson, die dieses Buch mitlektoriert hat, erzählte uns: «Meine Schwester schenkte mir ein Umstandskleid, das war einfach monströs! Ich fühlte mich ja schon ganz schön riesig, aber mit diesem Kleid hatte ich das Gefühl, ich müßte mir ein ‹Achtung, Überbreite!›-Zeichen hintendrauf kleben.» Viele Frauen versuchen, durch die Schwangerschaft zu kommen, ohne überhaupt etwas Neues zu kaufen – es gibt ja schon so viele andere Ausgaben. Aber oft sind sie schließlich deprimiert und sehen auch deprimierend aus in bis zum Gehtnichtmehr gedehnten Stretchsachen und alten, schlabbrigen Hemden – gewiß keine Kleidung zum Wohlfühlen. Halten Sie sich lieber an unsere *Stil-mit-Gefühl*-Philosophie und bedenken Sie, daß ein oder zwei schöne Kleider besser sind als ein ganzer Stapel von scheußlichen Leihgaben oder Ramschwaren.

Andererseits kann die Schwangerschaft auch eine Zeit sein, in der man sich auf Dauer einen neuen Stil aneignet. Miriam verwarf während ihrer ersten Schwangerschaft ihren starren, vamphaften Look – hochhackige Schuhe, dicker Lidstrich, rote Lippen – und blieb dem neuen Look weiterhin treu, als sie sich ganztags um ihr Kind kümmerte. Als praktisch veranlagter Mensch hat sie dem verflossenen Stil niemals nachgetrauert. «Mit flachen Schuhen und ungeschminkten Augen fühle ich mich jetzt viel mehr als ich selbst – das alles kam mir allmählich zu schwer für mich vor», erzählt sie. Mit ihren sehr dunklen, klaren Gesichtszügen und ihrer tänzerinnenhaften Anmut wird sie mit der neuen, einfachen und schicken – aber mütterlicheren – Aufmachung niemals ungepflegt wirken.

Es mag noch andere Veränderungen geben. Zu Amys Entsetzen wurden ihre Füße nach der Schwangerschaft um eine Nummer größer, und seitdem ist sie bis heute mit dem allmählichen Auswechseln ihrer Schuhkollektion beschäftigt. (Endlich ein legitimer Grund, Schuhe zu kaufen!) Und schließlich sollten Sie auch daran denken, daß Sie ja vielleicht schon geeignete Umstandskleidung in Ihrem Schrank haben. Amy stellte fest, daß die meisten ihrer Kleidungsstücke mit weiter Taille (zum Beispiel Kleider mit Trapezlinie, weite Blazer) sie durch ihre ganze Schwangerschaft begleiteten. Die einzige echte Umstandskleidung, die sie kaufte, waren Röcke. Und hören Sie nicht darauf, wenn man Ihnen erklärt, bei anderen als Umstandskleidern würde der Rocksaum vorne hochgehen. Wen stört das schon? Es sieht süß aus. Schließlich sind Sie doch schwanger.

Wenn sich Ihr berufliches Umfeld ändert

Diana Vreelands Leben, erzählt eine ehemalige Kollegin, ließ sich säuberlich in die «Turbanphase, die Haarband-phase und die Alexandre-Frisur-Periode» einteilen. Als junge, verheiratete Frau mit viel freier Zeit trug sie den Turban. Das Haarband legte sie sich zu, als sie ihre Stelle als Moderedakteurin von *Harper's Bazaar* antrat. Als sie Chefredakteurin von *Vogue* wurde, legte sie den Kopf-putz ab und trug von nun an eine elegante Frisur, die der französische Coiffeur Alexandre kreiert hatte. Diese Fri-sur – die André Leon Talley die «schwarze Kabuki-Tolle» nannte – behielt sie für den Rest ihres Lebens bei. Die Lektion, die wir daraus lernen können, ist: Man soll nie ganz den Stil der anderen haben und nie ganz den entge-gengesetzten Stil. Und tragen Sie immer einen Stil, der zu Ihrer Arbeit paßt.

Wenn die Notwendigkeit zur Veränderung Sie plötzlich wie eine Erleuchtung überkommt

Eine Moderedakteurin und Freundin von Amy erzählt, daß sie manchmal ein Outfit anzieht, das noch letzte oder vorletzte Saison genau richtig aussah, und plötzlich wirkt alles verkehrt – die Schultern sind zu breit, Rock oder Hosenbeine zu lang, die Linie ist zu sackig. «Es ist, als entdeckte man eine Fremde, wo einmal eine Freundin war», sagt sie. Vielleicht haben Sie dieses merkwürdige Erwachen auch schon kennengelernt. Es bedeutet wahrscheinlich, daß Ihre Augen sich, ohne daß Sie es überhaupt bemerkt hätten, an Veränderungen in der Mode oder in Ihrem Selbstbild angepaßt haben, während Ihre Garderobe noch hinterherhinkt. Amys Freundin vergleicht diese plötzliche Erkenntnis mit der Erfahrung, die wir alle schon gemacht haben, wenn uns von einem Moment auf den anderen bewußt wird, daß es Zeit für den Friseur ist. «Noch am Tag zuvor wirkte das Haar genau richtig», meint sie. «Und über Nacht scheint plötzlich alles verkehrt zu fallen. Es klafft eine Lücke zwischen dem, was man vor dem inneren Auge hat, und dem, was man im Spiegel sieht.»

Meine Freundin Cynthia Kling, Marketingbeauftragte von *Newsweek*, hat eine kluge Methode gefunden, bei der Kleidung behutsam mit der Zeit zu gehen. «Ich habe eine ‹Uniform›, doch jede Saison probiere ich irgend etwas Neues aus. Letztes Jahr waren es ein Paar spitzer, hochhackiger Pumps. Das ist keine große Ausgabe, aber so kann man Neues mit einbeziehen und mit seinem Basislook experimentieren.»

Können wir Ihnen also nun den Rat geben, alles sofort wegzuwerfen, wenn es bei Ihnen nicht mehr «in» ist? Unsinn! Nehmen Sie dieses nicht mehr geliebte Outfit und versuchen Sie es einmal mit einer Tragepause. Ich kenne eine Sachbearbeiterin für Kundenwerbung, die nur superschicke Designeranzüge kauft, ihrer aber auch müde wird. Sie wirft sie jedoch niemals weg. «Ich hänge sie in den Dielenschrank, wo sie pausieren», erklärt sie. «Dann, manchmal nach ein oder zwei Jahren, manchmal auch nach längerer Zeit, wirken sie wieder frisch.» Und andernfalls – weg mit ihnen auf den Wohltätigkeitsbasar, den Flohmarkt, ins Museum usw.

Wenn Sie von verschiedenen Seiten immer wieder gleichlautende Ratschläge erhalten

Amy hatte eine Freundin, Andrea, die hart an der Grenze zur «Selbstbild-Erstarrung» war. Andrea sah recht jung aus, doch eine ihrer Make-up-Gewohnheiten gab so eindeutig Auskunft über ihr Alter, als trüge sie eine Zahl um den Hals. Mit einem dunklen Konturenstift umrandete sie eine wesentlich blassere Lippenstiftfarbe. Jedesmal, wenn Amy Andrea sah, suchte sie nach einem Weg, wie sie ihr taktvoll raten könnte, den Konturenstift im Farbton des Lippenstifts zu wählen, doch sie konnte die Worte nicht finden. Sie sprach sogar mit mir darüber, doch ich riet ihr, den Mund zu halten! (Eine Freundin hatte mir einmal erklärt, meine Haarfarbe sehe «billig» aus, und das habe ich ihr nie verziehen!) Dann tauchte Andrea zu Amys Überraschung und Erleichterung eines Tages mit einer einzigen Farbe auf den Lippen auf. «So viele Leute haben mir nahegelegt, ich solle den dunklen Konturenstift doch weglassen», erklärte Andrea Amy sogar ungefragt. «Aber ich konnte einfach nicht glauben, daß ich mich je daran gewöhnen würde, mich anders zu sehen. Jetzt bin ich wirklich froh, daß ich auf die anderen gehört habe – ich sehe ja selbst, wieviel besser mir das steht.»

Wenn Sie von den verschiedensten wohlmeinenden Freundinnen (oder wohlmeinenden Fremden) immer wieder denselben Ratschlag hören, könnten Sie vielleicht in Erwägung ziehen, deren Empfehlung auszuprobieren: Ihr Haar zu schneiden oder zu färben, den Rock kürzer zu tragen, die Augenbrauen mit einem Stift nachzuziehen – was auch immer. Amy hatte übrigens den Mut, ein paar besonders nahestehende Freundinnen einschließlich ihrer Schwester sanft darauf hinzuweisen, daß es vielleicht tatsächlich an der Zeit sein könnte, die Augenbrauen zu zupfen oder wachsen zu lassen oder den Nutzen einer Brennschere in Erwägung zu ziehen. Sie selbst hörte einmal bei einer Schminksitzung vor einer Party auf den Rat einer vertrauenswürdigen Freundin und änderte ihre komplette Make-up-Routine. Und hin und wieder fragt sie nun dieselbe Freundin, ob wieder eine Veränderung ansteht.

Die Moden wechseln, doch Stil bleibt bestehen.

Yves Saint Laurent

ZU GUTER LETZT

Das war's, liebe Leserin. Nun haben Sie alles an Informationen und Motivation, was Sie brauchen, um eine tragbare, schicke Garderobe zusammenzustellen und beizubehalten. Ich denke, Sie werden uns zustimmen, daß unsere Lösungen, Vorschläge und Empfehlungen zwar alles einfacher gemacht haben, sie aber gar nicht so leicht zu verwirklichen waren. Inzwischen sollten Sie den Zugang zu einer neuen, bequemeren und rationaleren Methode des Ankleidens gefunden haben.

Und hoppla, wer schaut Ihnen denn da so schick aus dem Spiegel entgegen, mit diesem ganz eigenen Stil?